《人民楷模王有德》编委会

《让有信仰的人讲信仰》丛书

人民楷模 王有德

《人民楷模王有德》编委会 编

伟大出自平凡
平凡造就伟大
做隐姓埋名人
干惊天动地事

黄河出版传媒集团
宁夏人民出版社

图书在版编目（CIP）数据

人民楷模王有德 /《人民楷模王有德》编委会编 .-- 银川：宁夏人民出版社，2019.11（2023.8 重印）
（《让有信仰的人讲信仰》丛书）
ISBN 978-7-227-07108-2

Ⅰ . ①人… Ⅱ . ①人… Ⅲ . ①王有德—先进事迹 Ⅳ . ① D263

中国版本图书馆 CIP 数据核字（2019）第 235635 号

《让有信仰的人讲信仰》丛书
人民楷模王有德 《人民楷模王有德》编委会 编

责任编辑 杨海军 赵学佳 陈 晶
责任校对 陈 浪
封面设计 马一卜
责任印制 侯 俊

黄河出版传媒集团
宁夏人民出版社 出版发行

出 版 人 薛文斌
地 址 宁夏银川市北京东路 139 号出版大厦（750001）
网 址 http://www.yrpubm.com
网上书店 http://www.hh-book.com
电子信箱 nxrmcbs@126.com
邮购电话 0951-5052104 5052106
经 销 全国新华书店
印刷装订 三河市嵩川印刷有限公司
印刷委托书号 （宁）0027080

开 本 690 mm × 980 mm 1/16
印 张 10.75
字 数 92 千字
版 次 2019 年 11 月第 1 版
印 次 2023 年 8 月第 2 次印刷
书 号 ISBN 978-7-227-07108-2
定 价 40.00 元

出版说明

为充分发挥英雄模范的标杆引领作用，在全社会大力弘扬爱国奋斗奉献的崇高精神，结合全党开展的“不忘初心、牢记使命”主题教育，根据中央和自治区有关要求，我们编写了《让有信仰的人讲信仰》丛书。

丛书的编写旨在激励广大党员干部群众更加紧密团结在以习近平同志为核心的党中央周围，以“人民楷模”和“最美奋斗者”为榜样，大力弘扬伟大的民族精神和时代精神，大力弘扬“幸福源自奋斗、成功在于奉献、平凡造就伟大”的价值理念，增强“四个意识”、坚定“四个自信”、做到“两个维护”，为实现中华民族伟大复兴的中国梦作出新的更大贡献。

丛书的编写以撰稿人的实地采访和个人创作为主，但由于时间紧、任务重，撰稿过程中部分采用了各大新闻媒体和网站公开报道的关于王有德、李进祯、裘志新的事迹资料，特此说明，以表谢意。同时，为了方便广大党员干部群众阅读使用本套丛书，我们采用融媒体方式，在书中植入了音频和视频文件，读者可使用手机扫描书中二维码，收听本书内容的朗读音频，收看我们为读者收集的近年来各大新闻媒体发布的关于王有德、李进祯、裘志新的新闻报道和采访视频。

丛书编委会

2019 年 10 月

目录

生态筑梦

不竭动力再创

宁夏西、北、东三面分别毗邻腾格里沙漠、乌兰布和沙漠和毛乌素沙地，干旱少雨，植被稀疏，生态环境极其脆弱。另外，基于宁夏位于我国北方防沙带、丝绸之路生态防护带和黄土高原生态修复带的交汇点，又是遏制沙漠“长驱直入”的咽喉，生态位置极为重要。

“黄沙滚滚不见路，跟着驼铃找宁夏。”数十年来，面对生态困境，宁夏人踏上了生态环境保护建设的征程。

“宁夏生态环境有其脆弱的一面，生态环境保护建设要持之以恒。”

“宁夏作为西北地区重要的生态安全屏障，承担着维护西北乃至全国生态安全的重要使命。”

习近平总书记站在党和国家事业全局的高度，对宁夏寄予厚望，并明确指出要建设天蓝、地绿、水美的美丽宁夏，为宁夏生态文明建设指明了方向。

宁夏遵循习近平总书记重要指示精神，推进生态环境保护的步伐愈走愈坚定。

“宁夏多栽一棵树，华北少落一粒沙。”王有德带领职工们以每年治沙造林 3 万亩的速度向毛乌素沙漠深处推进。为了巩固治沙成效，王有德创造出了“五位一体”的治沙模式，即两大防护体系、一个核心产业、两项循环产业。

至 2018 年，王有德和数百名职工在毛乌素沙地筑起了一道东西长 42 公里、南北宽 67 公里的绿色屏障。白芨滩防沙林场治理沙漠总面积达 63 万亩，控制流沙 100 万余亩，在“栽一棵树比养活一个孩子都难”的沙漠边缘，使森林覆盖率达到 40.6%，不仅有效阻止了毛乌素沙地的南移和西扩，庇护了引黄灌溉区的万顷良田，也逼退了沙漠 20 余公里。昔日的干沙滩，如今变成了生机盎然的绿色之洲，生活着猎隼、野兔、狐狸、七彩山鸡等 129 种动物，生长着芦苇、沙冬青、柠条等 316 种旱生、沙生植物。

灵武白芨滩国家级自然保护区如今被确立为国家生态文明教育基地、宁夏干部教育现场教学基地、宁夏公务员特色实践教育基地。白芨滩防沙林场干部职工不畏艰苦、战天斗地、治沙播绿的治沙精神，改革先锋、人民楷模王有德践行共产党人的初心使命的精神，感动激励着一批批来白芨滩防沙林场参观学习的人，让他们接受这百折不挠的治沙精神的洗礼，激励他们传承、发扬好治沙精神，时刻牢记为人民谋幸福的初心、使命，履行好自己的职责，增强责任感和使命感，坚定理想信念，不忘初心，筑牢职业道德，爱岗敬业、克难奋进，当好新时代中国特色社会主义的建设者和捍卫者。

2019 年 9 月 29 日，国家勋章和国家荣誉称号颁授仪式在

2019 年 9 月 29 日，王有德被授予“人民楷模”国家荣誉称号

人民大会堂举行。在全场热烈的掌声中，习近平总书记发表重要讲话。他代表党中央、全国人大、国务院和中央军委，向获得共和国勋章和国家荣誉称号的英雄模范、向获得友谊勋章的国际友人表示热烈的祝贺，致以崇高的敬意。

崇尚英雄才会产生英雄，争做英雄才能英雄辈出。一个有希望的民族不能没有英雄，一个有前途的国家不能没有先锋。

在人民大会堂领奖台上，习近平总书记为王有德颁授“人民楷模”国家荣誉奖章，王有德眼中蓦然有泪光闪动。“习近平总书记亲自为我们授予奖章，这是一件非常庄重的事情，这一刻，太兴奋、太激动了！能够在新中国成立70周年这个光荣的时刻分享祖国的荣光，这是每一个中华儿女的共同见证和骄傲。这份至高无上的荣誉属于每一个治沙人！生命不息，治沙不止。虽然我已经退休了，但是我的心还在这里，我将不忘初心，继续奋战沙海，只要生命不息，我防沙治沙的脚步就不会停歇。”

10月2日，在北京参加庆祝大会后，下午王有德返程，一下飞机，家也不回，便直奔心心念念的马鞍山生态治理区，继续俯身于治沙事业。

与沙共舞

◎毛乌素沙漠南缘

◎何处是故乡

◎比沙子还散的是人心

沙漠分史前形成和史后形成两种类型，史前形成的如我国塔克拉玛干大沙漠，史后形成的如毛乌素沙漠、科尔沁沙漠，地理学称之为“荒漠化”。前者是不可治理的，后者往往人居量大、资源丰富，所以是人类治理的重点。

联合国对“荒漠化”的定义是：由于气候变化和人类不合理的经济活动等因素使干旱、半干旱和具有干旱灾害的半湿润地区的土地发生了退化。荒漠化，意味着人类将要面对失去基本生存资源的威胁。如今，全球荒漠化有加剧扩大的趋势。1998年，全球有100个国家、9亿多人受到荒漠化影响，预计这一数字到2025年将会翻番。1994年12月，联合国大会确定每年的6月17日为“世界防治荒漠化和干旱日”。这个世界日的确定，意味着为防治土地荒漠化，全世界将共同迈出步伐。《联合国防治荒漠化公约》于1996年12月26日正式生效，其目的是利用创造性地方规划和支持性国际合作来预防并消灭造成土地荒漠化的条件。

中国是世界上荒漠化危害严重且荒漠化土地面积最大的国家之一，1980年以来，中国荒漠化土地面积平均每年扩大2100平方公里，每天就有5.6平方公里的土地荒漠化。来自国家林业局的统计数字表明，每年因荒漠化造成的直接经济损失超过500亿元，直接受其危害影响的人口有5000多万。近年来，我国颁布了一系列的法规、政策，并于2002年1月起开始施行《中华人民共和国防沙治沙法》，力图在2010年初步遏制全国荒漠化的扩展趋势。党的十七大将“生态文明”写入报告，既是我国多年来在环境保护与可持续发展方面所取得成果的总结，也是人类对人与自然关系所取得的最重要认识成果的继承和发展。这充分体现了生态文明对中华民族生存发展的重要意义，实际上也是建设和谐社会理念在生态与经济发展方面的升华。

毛乌素沙漠南缘

宁夏地处黄河中上游地区，东、西、北三面分别被毛乌素、腾格里、乌兰布和三大沙漠包围，宁夏沙化土地主要分布在中部和北部的13个县市，毛乌素沙漠、腾格里沙漠呈东西夹击之势，零星沙地中间开花，贺兰山东麓戈壁流沙扼颈封喉，全区直接受沙化影响的荒漠化土地面积297.4万公顷，其中沙化土地118.3万公顷，高出全国平均水平近5个百分点；受影响人口342万，受风蚀沙埋的耕地13.2万公顷、草地121万公顷；受害村庄668个、铁路122公里、公路875公里、水渠1921公里，年经济损失6107万元。土地沙化引起的扬沙、沙尘暴等灾害发生频率高、强度大、范围广。20世纪80年代，宁夏地区沙尘暴年发生次数为5次17天，90年代年发生次数为8次35天，2000年竟发生沙尘暴14次，宁夏成为我国干旱及沙漠化危害最为严重的省区之一，也是全国沙尘暴四大源区之一中最为严重的区域。荒漠化不仅严重制约着宁夏经济社会的健康发展，而且严重影响着国家生态安全和人民生产生活，同时也是国际上拿来恶意攻击中国生态建设的问题之一。

毛乌素沙漠横跨宁夏、陕西、内蒙古三省区，面积约4.22万平方公里，以新月形沙丘和沙丘链为主。在中国的沙漠中，毛乌素沙漠被称作“死亡之海”，危害最大，毛乌素沙漠周边人口稠密，沙进人退的历史一直在延续着……毛乌素沙漠在宁夏境内分布面积为1102.5万亩，占毛乌素沙漠面积的17.4%。明长城从东到西穿过沙漠南缘，被宁夏回族自治区政府列为沙漠化重点防治区域和重点生态建设区。

据地质学家考证，古时候毛乌素沙漠一带水草丰美、风光宜人，是中原王朝著名的养马之地，曾经为匈奴、羌、铁弗、丁零、突厥、党项人所占据。明清以前，这里曾是“风吹草低见牛羊”的广阔草原，由于气候变迁，干旱少雨、风多沙大，加之人口增长、畜群增加以及人为的滥垦乱挖，使草原退化，水土流失，植被衰败。土地荒漠化程度不断加剧，地面植被丧失殆尽。加上该地区地表都是由沙砾物质组成，因而逐渐形成后来的沙漠（沙地），演化成如今的风沙源。

回乐峰前沙似雪，受降城外月如霜。
不知何处吹芦管，一夜征人尽望乡。

这是唐朝诗人李益笔下的毛乌素沙漠。史载，回乐峰是指回乐县附近的山峰，回乐县故址在今宁夏灵武附近。“一年一场风，从春刮到冬。沙子满地跑，沙丘比房高。”这是生活在毛乌素沙漠周边百姓生活环境的真实写照。

灵武周边的毛乌素沙漠以集团军的阵势，对有着“塞上江南”美誉的宁夏平原和中华民族母亲河——黄河虎视眈眈，疯狂逼近。20 世纪 60 年代初，苏联、日本等国专家面对浩瀚的毛乌素沙漠，提出黄土压沙、石子压沙和沥青压沙等技术试验，但最终都以失败告终。一位苏联治沙专家望着茫茫沙海，无可奈何地摇着头，留下“在这里永远也治不好沙漠”的慨叹，沮丧地离开了这里。经过几十年的西进，至20世纪80年代，毛乌素沙漠入侵灵武，流沙已越过东干渠，离黄河东岸只有七八公里，而且每年将1亿立方米的黄沙倾进黄河，大有越黄河而西进，与腾格里沙漠汇合，吞并宁夏平原之势。

宁夏生态环境全面告急！

何处是故乡

宁夏灵武市马家滩镇有一个村叫马家墙框子村。对于这个小村庄，在十几年前，或许大多数人并不知道，因为它只是毛乌素沙漠南缘许多个普通小村庄中的一个。但是在今天，马家墙框子村已是声名显赫，因为，中华人民共和国成立以来感动中国的100个人物之一、全国治沙英雄王有德就出生在这个被毛乌素沙漠围困的村子里。

在许多人的情感世界中，故乡是储藏着天真无邪、活泼快乐童年的宝库。可是，在王有德的记忆中，马家墙框子村到处是黄澄澄的沙子，除了狂风，就是黄沙，除了黄沙，还是狂风，随着狂风的呼啸、肆虐，波浪一般起伏的沙丘就像排列整齐的军队，以集团军的威势步步为营逼压过来，恶魔一样的毛乌素沙漠一发脾气，便飞扬跋扈，漫天的风沙席卷着村庄，天昏地暗中，农田被吞噬，房屋被掩埋。这是村里人时时必须面对的天气。

做饭时锅盖挡不住钻进屋里的风沙，上面不得不再盖上一层布；睡一觉起来，嘴巴里的沙子和牙磕在一起，噌噌作响；被子上浮着一层沙土，地上的沙子都能滑倒人……无孔不入的沙子让人们想摆脱都摆脱不了。这是村里人必须面对的生活。

更让人难以容忍的是庄稼地里的小苗刚出土，来一场风沙就全给埋死了，一年常常要种四五茬庄稼，还不一定有收成。可怕的是一场突如其来的沙尘暴过后，总有羊只被风卷走，甚至连孩子被风卷走也时有发生。费了九牛二虎之力修出的一条路，在一场大风过后就无影无踪，想要去10里外亲戚家也要走上两三个小时……这是村里人必须面对的现实。

“天上无飞鸟，地上无寸草。黄沙漫天舞，沙丘比房高。”

“一年一场风，从春刮到冬。天上无飞鸟，风吹石头跑。”

这些在当地广为流传的顺口溜深嵌在王有德的脑海里，王有德恨透了风沙。

俗话说，靠山吃山，靠水吃水，马家墙框子人靠沙吃沙。一个农民，种地没有指望，只能养羊、养牛，或者去沙漠里挖甘草、麻黄、沙苁蓉等，这些名贵的中药材，是家庭收入的来源。然而，过度的放牧、垦挖，使植被遭到破坏，土地沙化造成的恶性循环让风沙越发猖獗。家园被风沙掩埋过多次，只能不断后退再建新家，这成了马家滩人的生活常态。人退沙进，沙进人退，就这样年复一年地重复着，多少年来人们背井离乡，前后有6个村子、1万多人被迫迁移，200多种动物随之消失……

18岁那年，王有德全家和许多个家庭一样，被风沙逼迫得再次背井离乡，踏上了举家迁徙之路。

何处是故乡？对于生活在毛乌素沙漠边缘的人来说，故乡在远方，在路上……

“床前明月光，疑是地上霜。举头望明月，低头思故乡。”没有一个人可以随便抛弃和忘却故乡，这首妇孺皆知的《静夜思》，醉倒了多少漂泊的游子。“少小离家老大回，乡音无改鬓毛衰。儿童相见不相识，笑问客从何处来。”这是唐朝诗人贺知章老年归来时的感慨。“士不论穷达，离乡即可哀。白头孙七十，岁岁埽松来。”这是宋朝诗人刘克庄老年归家时的感慨。

人都有故乡，只要离开了故乡，就会产生对故乡挥不去赶不走的思念情愫，这种美好的情愫就是乡愁。“士不论穷达，离乡即可哀”，多少人在离开故乡的那一刻，心里都有被割裂的痛苦与感伤，毕竟离乡是让人黯然神伤的事，都会在心里一遍一遍地说我会回来的，我会回来的。

然而，王有德离开马家墙框子——这个养育了他18年的马家墙框子——心里却说不出这样的话来，他甚至这样说：“我再不会回这个鬼地方来了，走得越远越好。”

“日暮沙漠陲，力战烟尘里。”是啊，这个村庄已经让他精疲力竭，心神俱伤，却看不到任何的希望。然而，没有一个人可以轻易地割舍抛弃故乡，毕竟那里是他生长过的地方，记录着他成长的年轮，留下过美好的童年时光。“但使主人能醉客，不知何处是他乡。”故乡在王有德的心里并没有就此被抹去。

1984年，王有德搭乘朋友的越野车又回了趟马家墙框子村王家窑子队。从离乡到现在，已经十几年过去了，眼前的故乡已然是“黄沙茫茫起高墙，残垣断壁若画杠”，整个村子满目疮痍。而连绵的沙丘一望无际，飞扬跋扈趾高气扬地逼压过来，仅剩的几户人家也已被沙子埋去了半边墙，他们只剩下一条路可走——搬迁。

王有德凭着记忆找到自家的院落，他住过的那间小土屋已经不见了，曾经拴过驴子的那棵老杨树也没有了，它们被毛乌素的黄沙掩埋了。原本长满绿树的岗涝坝光秃秃的，漫漫黄沙已经爬上了山顶。离此处不远的麻黄湾是他的姥姥家，小时候和小伙伴一起挖过甘草、麻黄的头道梁已被黄沙埋了半截。

望着这凄凉的景色，王有德蹲在一座已经倒塌被沙漠掩埋的旧屋旁，抓起一把沙，攥紧，再攥紧。然而，沙子从他手中一粒不剩地漏光了。他又抓了一把，攥紧，再攥紧，沙子又从他手中一粒不剩地漏光了……

王有德想起自己曾经做过的一个梦：10 多岁的时候，有一回在沙漠里找柴火，炎炎烈日的炙烤让他口干舌燥、浑身乏力。他就想，如果这时候有一片可以纳荫乘凉的树林该多好，他晕晕乎乎地走着……在沙漠中跋涉了许久，他希望找到一片树林，哪怕是一棵树也好。忽然，眼前出现了一片树林，当他鼓足气力奔过去的时候，一阵风沙卷过，呛鼻伤眼的沙尘把他呛得醒来，他又被逼回现实……那个时候，他坐在滚烫的沙子上就有了一个愿望，那就是希望自己能长成一棵树。因为只有树不怕风沙，可以永远站在沙漠里，而且还可供人抵挡这毒辣的日晒。

王有德眼里噙着泪水，手扶断墙深深地叹了一口气。

马家墙框子村这个与王有德一生息息相关的村名让许多人感到新奇，很多人将之理解为村里人喜欢在墙上挂相框，故而有了此名。然而，此时此刻，望着生活了十几年的村庄，王有德忽然对“马家墙框子村”这个村名有了深刻的认识——一个个因搬迁而被拆得七零八落的院落，只剩下一堵堵墙壁，可不就像一个个没有了相片的相框。这个名字不就是一个长期被沙漠逼迫，不断迁移的村庄的缩影？

后来，王有德听到了张明敏演唱的《梦驼铃》，感觉十分震撼，他觉得这首歌唱出了他的心里话：

攀登高峰望故乡
黄沙万里长
何处传来驼铃声
声声敲心坎
盼望踏上思念路
飞纵千里山
天边归雁披残霞
乡关在何方
风沙挥不去印在
历史的血痕
风沙飞不去苍白
海棠血泪

攀登高峰望故乡
黄沙万里长
何处传来驼铃声
声声敲心坎
盼望踏上思念路
飞纵千里山
天边归雁披残霞

乡关在何方
黄沙吹老了岁月
吹不老我的思念
曾经多少个今夜
梦回秦关

风沙挥不去印在
历史的血痕
风沙飞不去苍白
海棠血泪
黄沙吹老了岁月
吹不老我的思念
曾经多少个今夜
梦回秦关

已三十而立，在灵武林业局工作几年的王有德，此时面对滚滚黄沙，多了一份思考。虽然说沙漠无情，但终归人类有着不可推卸的责任，过度垦荒造田、放羊牧牛、砍花棒、挖甘草、抓发菜、挖茯蓉……导致植被破坏，风沙猖獗。而他也在沙漠中这样讨过生活，这是养育了他 18 年的土地，也是他曾经伤害过的一片土地……离开村庄的时候，王有德回头望了望，心里忽然涌起一股激情。

立志治沙的王有德在大风中“与沙共舞”

“我要治沙！”王有德说得斩钉截铁。

这句貌似心血来潮的话决定了王有德这一生的志向。

在后来与人攀谈时，有人问王有德是不是心血来潮，王有德摇摇头说：“不是，被沙漠压迫欺负了那么多年，从小时候开始，我心里就跟沙漠较上劲了。现在，我一定要把被毛乌素沙漠侵吞的土地夺回来。”

就在这话说过不久，王有德开始了一生的治沙生涯。

比沙子还散的是人心

1985年3月，王有德被组织上任命为白芨滩防沙林场副场长。

白芨滩防沙林场建于1953年，位于宁夏灵武东部荒漠区，处于宁夏平原与毛乌素沙漠抗争的最前沿。由于地理位置特殊，白芨滩防沙林场被赋予了有效阻止毛乌素沙漠南移和西扩、减少每年向黄河的输沙量、确保黄河河床稳固的艰巨任务，以期在保护有着“塞上江南”美誉的宁夏平原的万顷良田，改善宁夏首府银川市的生态环境等方面发挥重要作用。

白芨滩防沙林场成立之初，名为盐灵防沙林场，隶属甘肃省建设厅。1954年，甘肃省建设厅将其移交河东回族自治区管辖。1955年，改由吴忠回族自治州管辖。1958年，宁夏回族自治区成立，白芨滩防沙林场移交灵武县，改称灵武国营林场。1970年，将自治区灵武柠条种子场并入后，改称灵武县白芨滩防沙林场，归属灵武县农业局管理。1985年，灵武县政府决定建立白芨滩县级自然保护区。1986年，经国家林业部批准，白芨滩防沙林场被列为省级自然保护区。

虽然归属、名称时有变动，但白芨滩防沙林场作为防风固沙、改善生态环境的公益型林场的职能没有改变。

1959 年，中国科学院治沙大队在林场设立治沙综合实验站，由专家、教授及大专院校学生组成治沙队伍，专门从事综合治理沙漠的试验，研究草方格治沙技术。治沙综合实验站地貌组编写的《风沙移动规律研究总结报告》为固沙造林和机械沙障的设置提供了科学依据，丘明新等学者撰写的论文《宁夏灵武白芨滩植被的演替》在中国科学院治沙队第一次学术报告会上印发，林场受到国务院表彰和奖励，被评为“农业社会主义建设先进单位”。林场技术工人杨学仁刻苦钻研育苗技术，提高育苗质量和出苗率，被推选参加西北五省区青年积极分子大会，同时被选为自治区农业战线先进个人，在北京受到党和国家领导人的亲切接见，白芨滩人创造了辉煌的历史和骄人的成绩。

到了 20 世纪 70 年代初，十余年来，白芨滩林场人先后在四任领导的带领下，扛起了一面艰苦奋斗的大旗，唱起了向沙漠进军的壮丽凯歌。广大职工秉承艰苦奋斗的优良传统，开荒造田、打井引水、植树造林，使林场环境逐步得到改善。1966 年至 1971 年，共完成人工营造固沙林 14500 亩，控制流沙 5 万亩，建苗圃 250 亩，提供造林苗木 100 万株，采集花棒、柠条、沙枣树种子 3 万公斤。

然而，当王有德踏入白芨滩防沙林场后，展现在他眼前的景象还是让他心寒。

林场职工在沙漠中扎设草方格

那时的白芨滩防沙林场，满目疮痍、遍地荒凉，大片良田被弃耕，1000多亩苗圃被荒废，几千亩树木枯死……名为林场，却看不到绿色，一片苍茫。这个曾经取得过辉煌成就，受到党和国家领导人表彰奖励的林场，如今怎么变成了这个样子？濒临破产、崩溃的边缘，曾经得以治理的土地面临着再次沙化的危险……

原因何在？

100多名工人在干什么？

作为分管生产的副场长，王有德开始寻找林场环境恶化、逐渐衰败的原因。

六个月的时间里，王有德在沙漠中穿行，在林区内调查，到职工家走访。尽管在灵武林业局工作期间，他对白芨滩防沙林场的状况有所了解，但随着进一步深入调查，现状让他倍感震惊。“抬头望见北斗星”，这是20世纪六七十年代一首广为传唱的歌曲中的一句，到了80年代中期，却成了白芨滩防沙林场工人居住境况的真实写照：低矮破旧的土坯房，“风天进沙、雨天漏水”。一个下雨天，王有德走进一户职工家中，看到他家里摆着许多小碗在接屋顶漏下的雨水，接满倒掉，再接满倒掉，而外面不下雨了，屋里还滴答滴答着……

当他走进工人吴全礼家，一家人正在吃饭，看见王有德进来也给他盛了一碗。王有德端起一看，清汤寡水，不见一滴油花。当时他的眼睛潮湿了。在接下来的走访中，他的眼眶没有干过。

马学升、孙喜、郭翠玉……他一家一家走着，见到的情景与吴全礼家如出一辙，七八口人挤在一间抬头看得见阳光与星星的小屋子里，一大家子人仅靠每月四五十元的工资，别说一年吃上几顿肉几斤鲜菜，就连饭食也常常断顿……

来到职工老王家时正赶上王家吃晚饭，看到他进了屋，女主人急忙将锅盖盖上，她的反常举动引起了王有德的注意。他执意揭开锅盖，舀了一口饭一尝便明白了，原来这家人吃的是用酱油拌的米饭。咽下这口饭，他半晌没说话，从衣兜里掏出了五块钱，硬是交给了女主人，说："给孩子买点菜吃吧。"女主人趁着他和一家人闲谈的时间出去了，一会儿工夫提回了一袋东西。她说："场长你给的钱我买了一斤盐，还剩下四块五毛钱还给你，谢谢你了，场长，我们家好长时间都没吃盐了。"王有德的心被狠狠捏了一把，这就是一位林场一成立就战斗在防风固沙一线的老职工，把一切都奉献给了阻拦毛乌素沙漠侵犯的大业，可他和家人不得不面对贫困交加、疾病缠身的境况，多少个日子就是这样粗糙而艰苦地过下来的。

家徒四壁，一贫如洗，点的是煤油灯，喝的是含氟量很高的水，从场部到各护林点的路全被沙子埋了，仅有的交通工具是一辆三轮摩托车，吃粮、吃菜要靠人从50公里以外的灵武城背进沙漠里，孩子上学、职工有病都只能投亲靠友……

王有德在调研笔记中这样写道："组织上安排我到白芨滩工作，一开始觉得这里一片荒漠，能有啥作为，年轻人的生活应该有志向。现在我突然明白了，能让这些朴实的职工有活干、有钱挣、有饭吃，不就是我的志向吗？"

王有德再也抑制不住，泪如雨下……

举步维艰

◎“三个不走”

◎水果筐、柳笆子

◎重锤敲响鼓

◎北沙窝沙丘上的曙光

“三个不走”

林场召开植树造林大会，王有德走进会场，发现好多职工都没有到会，整个会场稀稀拉拉没坐几个人。到场的职工也是无精打采，给王有德的感觉简直就像是从战场上溃败下来的残兵败将。

王有德没有发火，他太理解职工们的心情了。

作为以防风固沙、改善生态环境为主的公益性林场，白芨滩防沙林场每年的全部收入来源就是财政拨的 15 万元款项，既要养活 159 名工人，又要保证完成造林育苗等生产任务。资金缺口很大，可以说已经到了无以为继的地步。职工全年收入仅有几百元，三分之二的职工要求调走。然而，令王有德奇怪的是，林场的生产任务基本都是雇来的民工在干，工人只负责带工，做甩手掌柜，生活十分贫困。造林、育苗只完成任务不管质量，以致年年育苗年年无苗可用，已治理的沙漠面临再次沙化的危险。更可怕的是长期艰难困苦的生活让职工的心比黄沙还散，当时林场的生产经营举步维艰。

王有德和林场职工一起扎设草方格

在这次毫无生机的会议上，王有德非常尴尬地亮相了。

办公室的墙壁上，全国科学大会颁发的科技奖状装裱在镜框里赫然在目，王有德拭去上面的灰尘，伫立在前，陷入了沉思。

林场每年的全部收入就是 15 万元的财政拨款，既要养活 159 名工人，还要保证造林育苗、采种和成幼林抚育等林业生产任务，听上去就像是天方夜谭。民以食为天，职工的温饱都没有保障，又如何完成防风固沙、改善生态环境的目标任务呢？

这不能怨职工，职工没有错，为了防风治沙，他们真是献了青春献终身，献了终身献子孙。如今却生活在这样难以自拔的窘迫之中，如果不改变他们的生活处境，让他们富起来，真是对不住他们呀！

必须改变林场现状，改善职工生活，使命与责任在王有德心里涌动，最后形成一股不可阻挡的潮涌。要想治沙就要先治穷，留住人，把职工的积极性调动起来，才能实现防风治沙的目标。

大会上，王有德没有豪言壮语，他只是向职工们郑重地作出“三个不走”的承诺：

“全场的贷款不还清，我不走！”

“困难职工住不上新房，我不走！”

“职工富不起来，我不走！”

有人用这样的话形容王有德："吐口唾沫都是钉。话说出去了，那就是必须要做到的。"

"古人说三十而立，我王有德已经三十了，我要让白芨滩防沙林场立起来！"

然而，面对浩瀚的毛乌素沙漠，白芨滩防沙林场的出路何在？

王有德坐在黄山梁上，口中咀嚼着苦涩的苦豆叶，望着苍茫的毛乌素沙漠，几乎抠烂了头皮。

"光鼓励职工发扬吃苦精神，治沙是不能成功的，必须要有激励机制。只有职工富了、林场富了，才有资金反哺治沙，才能形成良性循环。"

"治沙必先治穷，让职工富起来；再治沙，让沙漠绿起来！"王有德这样对自己说。

水果筐、柳筢子

四月的沙漠已经很热了，王有德往沙漠深处走去，一丛丛沙柳形如火炬，茂盛无比。沙柳是沙漠常见的植物，属于速生、多年生灌木，成活率高，适应性强，抗逆性强，较耐旱，喜水湿，抗风沙，耐严寒和酷热，具有干旱旱不死、牛羊啃不死、刀斧砍不死、沙土埋不死、水涝淹不死的"五不死"特性。春季来临时，风沙肆虐，沙丘平移，不管沙柳被埋得多深，只要露一个头在外面，它就能够茁壮成长。沙柳的根系非常发达，最远能够延伸100多米，一株沙柳就可将周围流动的沙漠牢牢固住，是最理想的固沙造林树种。沙柳这种沙生灌木还具有“平茬复壮”的生物习性，越砍越旺，这是沙柳的本性。被砍过的沙柳不但没有死，还会默默孕育着，等待来年春天获得新生。倘若不砍掉长成的枝干，反而会使其短命，过不了几年，它们就会成为枯枝。

每年秋天平茬后会产生数量可观的沙柳枝条、毛柳枝条，除了一部分被林场工人拉回来当柴火烧炕、生火，大片被砍下来的沙柳枝条、毛柳枝条就那么被弃在沙漠中，任其自然风化。

王有德从地上捡起几根沙柳枝条折了折，柔韧的枝条被折成了几个圈，王有德灵机一动，为什么不利用起来呢？他有了一个想法——建柳编厂！

建柳编厂，王有德基于这样的考虑：一是灵武古称灵州，种植果树已有1500多年的历史，是我国著名的“水果之乡”，自古就有“贺兰山下果园成，塞上江南旧有名”的美誉，生产的水果远近闻名，深受人们的欢迎。那时候盛装水果全用水果筐，水果筐的需求量很大。在林业局工作几年，这一行情他很了解。二是白芨滩防沙林场毗邻灵武矿务局，开矿挖煤，矿井底下需用柳笆子挡煤，柳笆子的需求量很大。三是煤矿拉输电线路要用筐装大大小小的瓷瓶瓷坨，也需要大量的柳编筐。筐的销路自然不是问题。

王有德立即作了市场调研，形势很是喜人，一只筐2元多，一条沙柳笆子3元多。如果办个柳编厂，用柳条子编制筐和笆子，完全可以为职工挣回一些菜钱、粮钱、油盐酱醋钱，还可为闲散人员找一条活路。

王有德立刻提出建柳编厂的设想，这得到了林场其他领导和职工的支持。说干就干，他立刻带人平整场地，四处寻访工匠，很快一个由十多人组成的柳编厂成立了。之后，他背着干粮出门了，奔波于周边矿区、县、市、林场、果园，远走内蒙古、陕西，搜集各种信息，一个月的时间马不停蹄，他带回了一摞购买水果筐、瓷瓶瓷坨筐、柳笆子的合同。那些被人们认为只能烧火做饭的沙柳枝条、毛柳枝条一下子成了炙手可热的宝贝。

经过一段时间的运营，为了鼓励职工大力发展柳编业，王有德对职工完成的沙柳平茬任务按面积核定投资，职工完成的柳编产品由林场协助销售，收入归职工个人所有。职工完成的平茬面积越大，收回的柳条量越多，完成的柳编任务就多，收入就相对高。此举措的实施，极大地鼓舞了职工的干劲，使得林场、职工双盈利，改变了过去平茬只付工资的现状。现在平茬不仅不用支付工资，而且从平茬收回的沙柳分成中每年创收2万元。林场按照每年沙柳平茬任务计划，下达柳编任务，并给予一定资金补贴等内部优惠政策，鼓励

王有德和林场职工研究栽种树苗

职工自发开展柳编加工。至 2005 年，每年仅柳编就可增加收入十几万元。取消工资级别后，职工日工资 2.82 元，岳彩珠、毛月琴夫妇二人一天编 20 多个筐，除去成本，一天收入十多元钱，是日工资的 3 倍多，开始尝到了甜头。

为了解决职工的生活问题，王有德又提出利用能灌上水的幼林中的空地发展种植业，种植一些不影响树木生长的低矮的经济作物和粮食作物。

以前只靠着植树造林的财政拨款过日子的职工，有了活干，辛勤劳作正转化成经济效益，职工们的积极性也调动起来了，温饱问题基本得到了解决。林场的职工尝到了多种经营的甜头。

成立柳编厂，王有德的初衷是缓解职工拮据的生活，然而，一个小小的柳编厂使职工们信心大增，沉睡多年的白芨滩被激活了。这是王有德为白芨滩防沙林场推开的一扇新窗，尽管这扇窗还很小，但却吹进来一股新风。随着柳编厂的效益越来越好，柳编厂开辟鸿蒙的重要意义越来越显现出来。职工看到了鲜活的希望，王有德看到了林场的未来，他长舒了一口气。为了进一步提高职工的积极性，让职工多劳多得，创造更大的效益，一个大胆改革的计划在王有德脑中形成了。

重锤敲响鼓

经过几个月潜心深入的调查了解，白芨滩防沙林场林业生产徘徊不前的原因一目了然：一是受计划经济体制下的粗放管理的影响，林场的林业生产在低质量的重复中维持，年度下达的防风治沙任务无法完成；二是受干部职工观念陈旧等因素的影响，林场职工一年中有 7 个月无事可做，年年育树苗年年无苗用，已治理的沙漠面临再次沙化的危险；三是职工全年收入才几百元，导致 159 名职工的生活举步维艰，三分之二的职工想调走，白芨滩防沙林场处在维持边缘，随时都有崩溃的可能。这就是林场面临的困境，实际上在当时全国同类型林场中，也存在相同的问题。

职工贫困窘迫的艰辛生活让王有德开始思考奉献的价值。

传统中的奉献精神有一句经典话语："献了青春献子孙。"治沙事业也有现代治沙、后代致富的说法。治沙要讲奉献，但是奉献并不是让他们放弃生活，既要治沙，也要致富。奉献，是一种境界，是要建立在温饱有保障的基础上，如果只讲奉献，而不能实现理想目标，这种奉献就失去了意义。

虽然说林场是一个以防风治沙为主的公益性林场，靠的是政策补贴，但随着改革开放的全面推进，在市场经济日渐活跃的时代，光靠政策补贴显然已经不能适应改革开放的大潮，没有第二、第三产业的支撑，不可能支撑住治沙事业。

改革势在必行！要使林场彻底摆脱困境，必须从管理上动"手术"！

经过深思熟虑，王有德提出了"立足林业促林业，围绕林业发展多种经营，力推林业建设综合发展”的深化改革方案。他说，防沙治沙是一项周期长、见效慢的非常脆弱的事业，有了强大的经济基础，我们的防风治沙事业才会有更大发展，才能实现更大的社会效益。“重锤敲响鼓，打破铁饭碗。”王有德强力推出他的三项改革措施：一是精简后勤管理人员，将原来的28人减至16人，当年减少人头经费2万元；二是取消一线职工工资级别，实行工效工资；三是将全场林业生产任务分解承包到职工手中，彻底改变了过去“造林抚育靠民工，林场工人只带工”的只讲数量不讲质量和效益的工作方式，让职工“干自己的活，挣自己的钱”。

然而，“打破铁饭碗”这样的改革，在当时的形势下，阻力还是很大的，毕竟这事关职工的“身份”及以后的诸多问题，风险很大。吃惯了大锅饭，一些工人想不通，甚至有抵触情绪。王有德知道这事急不得，需要一个过程。对于工人们来说，现在说什么都是白说，他们在计划经济体制下懒惯了，也穷怕了，只有让他们得到实惠，看到实实在在的经济效益，他们才会承认改革、愿意改革！

虽然阻力很大，但王有德力排众议，改革全面推行。他在会上说：“要想让沙漠绿起来，必先让职工富起来；要想让职工富起来，一定要让场子活起来！”

在具体推行过程中，针对过去造林、抚育等工作大都靠雇用民工完成，林场职工只带工，一年下来，用工不少、成效不大的现状，为了提高工作效率，增收节支，林场职工全部实行合同制，打破职工工资界限，取消工资级别，实行计件工资，同工同酬，按劳取酬，辞退所有民工，造林、抚育等林业生产任务全部分解承包，由职工自己完成，实行包栽、包活、包管理、包费用，超奖减罚的管理办法。为了严格用工管理制度，防止虚假用工、人情用工和不必要浪费用工现象发生，对各项生产工序进行测试，制定每个工日应完成的工作量标准，实行劳动定额管理制：对每项生产管理工序，依据定额标准核定人工费用总额，超支不补，结余归己。林场所有工程或林业生产全部实行内部公开招标、承包，每月只预付70%的工资，年终再按任务完成情况决算兑现，既保证了工程质量和苗木成活率，又有效地控制了用工数量，提高了工效，节省了不必要的开支，从而使造林成活率有了较大幅度的提高。同时，制定岗位责任制，包括场长在内的每个管理人员向下浮动一级工资，视其工作成绩年终考核兑现；将汽车、农用机械等承包给职工，实行绩效挂钩，允许职工自谋职业，允许职工停薪留职，允许职工创办企业。

劳动用工制度改革，使得白芨滩防沙林场在全国率先打破了国有林场“铁饭碗”，为国有林场改革提供了一条可借鉴的经验。

北沙窝沙丘上的曙光

如何治穷，有道是靠山吃山、靠水吃水，白芨滩防沙林场靠沙，那就还得向沙漠要利润。万顷沙漠，对于社会来说是灾难，但对于林场职工而言，那就是财富！

为了打开局面，1986年7月，王有德提出在白芨滩北沙窝流动沙丘地带开发500亩果园经济林。然而，这一计划的提出引来一片质疑声，响应者更是寥寥无几，计划陷入了“一分钱难倒英雄汉”的窘境之中。

经历长期窘迫的生活，白芨滩人穷怕了，每年15万元的财政拨款发工资都捉襟见肘，那可是吃饭钱，而在白芨滩北沙窝流动沙丘地带开发500亩果园经济林，分明是件花钱的事。可以说既无钱，又无技术，还缺人手，这完全可以称得上是一个“三无”工程，在北沙窝流动沙丘地带建果园，无疑就是砸钱。大家对场里已经没有信心，对北沙窝的开发更是持怀疑态度。

对于这一现实，王有德不是不明白，但工程必须上马。他深有感触地说：“现在治沙最困难的是缺资金，如果没有艰苦奋斗、自力更生的精神，就啥也别想干。”

他又感慨地说：“虽然我们一无所有，但我们有白芨滩人几十年与风沙搏斗磨砺的负重拼搏、吃苦耐劳的优良传统，我们完全可以用精神凝聚人心，鼓舞干劲，提振信心。”

沙漠中十几年的生活经历培养了王有德面对沙漠时刚烈的性格，认准的事一旦付诸行动就会显出雷厉风行的魄力来。

工程一上马，王有德带领一班人进驻工地。他和职工一样，住在工地临时搭建的简陋的帐篷里，吃的是工地上刮进沙子的饭，早上一起来，头发上、脸上、被子上都是一层细沙。整天灰头土脸，满身泥垢，王有德这个场长和工人没什么两样，就是个工人。

王有德和林场职工奋战在治沙一线

打制砌渠用的水泥板，其他组一天最多打210块，而王有德和职工搞竞赛，和工人比着干，看谁打得多，他所带的组最多一天竟打了580块。背水泥板砌渠时正是三伏天，沙漠温度高达60度，空走脚都会深陷进滚烫的沙漠。一块水泥板25公斤，职工每趟只能背一块，而他一背就是两块。肩膀给晒破了皮，脊背被水泥板磨破，脚上也烫出了大大小小的水泡，汗水浸在伤口上就像撒了盐蜇得钻心痛，但他依然坚持着……

在建果园的泵房时，王有德和职工一道往房顶上运送空心板。当一块板快拉到房顶时，突然脱落，沿着支架滑落下来。他使劲推开身边的职工，毫不犹豫地冲上去，用身体阻挡滑落的空心板。职工化险为夷了，他自己却被砸得不省人事，大家的叫声、哭声连成了一片。当他慢慢醒来时，职工们正准备抬他上医院，他却无力地摆了摆手："不碍事，大家抓紧干活吧。"说着，他吃力地站起身来，继续坚持在施工现场。第二天，他拖着受伤的身子，又去北京反映马家滩油田过度开采林区地下水，造成林区个别水库水源枯竭、近千库存苗圃损失惨重的事。因为疼痛难忍，想到让场里职工陪他去还得花钱，他就让妻子陪他去，妻子见他疼得龇牙咧嘴，不让他去，可怎么也劝不住，只好为他打点行装，陪他同去。上车时，被人稍微碰一下，他就疼得受不了。在火车上，他疼得坐下去就站不起来，站起来就坐不下去，他硬是咬牙挺着。直到几年后的一天，王有德因为劳累过度住进医院，在检查身体时，大夫意外发现他的肋骨有陈旧性骨折，想来想去，觉得应该就是北沙窝开发那次事故导致的。

对于士气低迷、人心涣散的白芨滩防沙林场来说，这与其是建一个果园，还不如说是重振信心。王有德觉得只能用领导干部的实际行动来感召大伙，只有凭领导干部的意志来聚合职工。他身先士卒、带头苦干，白天，和职工一起推沙平田砌渠道，挖坑施肥栽树苗；夜晚，点着煤油灯规划和布置第二天的工作。离家仅 3 公里，王有德最长一次竟 50 多天没回家，作为一个领导，他带头苦干，职工还能有啥话可说？

王有德正是以亲力亲为激励并感召着职工们不计个人得失，投入到果园的开发建设中。

“王有德不像个场长，倒比工人更像个工人，能干，下茬，没架子。”这是职工们一致的看法，这看法拉近了王有德与职工的距离，也拉近了场领导与职工之间的距离。林场职工负重拼搏的传统精神被领导团队同甘共苦的干劲感召了，凝聚了，积极性调动起来了。

由于气候原因，毛乌素沙漠主要种植杨树、柠条等落叶乔木和灌木，秋冬落叶之后，就剩下树干了，防风效果非常差，而这时候又恰恰是一年中风沙最大之时，风沙肆虐，常常将治沙成果毁掉。为了提高防风治沙的效果，王有德跑遍全国，寻找并引进了 100 多种合适树种。只用了一个月的时间，全场完成造林 5093 亩，成活率达 72%，林场超额完成了该年度的植树造林任务。减少抚育成幼林费用 2.5 万元，实现纯收入 9 万多元，白芨滩人初尝治沙也赚钱的甜头。减去精简下来的 12 名后勤人员的 8 万元工资及其他费用支出，相当于林场创收 17 万元，比财政一年的拨款还多出 2 万元，白芨滩防沙林场实现了“起死回生”的大逆转。

北沙窝经济林的建设，给王有德吃了定心丸，他看到白芨滩防沙林场职工依然保持着负重拼搏、艰苦奋斗的本色，对林场的未来充满了信心。

夯实基石

◎第一桶金

◎“绿色银行”

◎锻造品牌

一个柳编厂开启了白芨滩防沙林场的发展思路，三大改革措施激活了白芨滩防沙林场的人力资源，500亩经济林见证了白芨滩人的实干奉献精神，职工们干自己的活，挣自己的钱，治沙也挣钱，大家的干劲被唤醒。“跳出林业干林业”，王有德的思路逐渐清晰起来，改革的胆气越来越足了，他和班子成员反复研究，制定了“以林为主，林副并举，多种经营，全面发展”的兴场方针，林场多种经营的序幕拉开了。

第一桶金

吃不穷，喝不穷，谋算不到一世穷。王有德有一颗善于谋算的脑袋，有一双善于捕捉市场商机的眼睛。

宁夏最大的煤田——宁东煤田——就在白芨滩国家级自然保护区边上，南北长约 120 公里，东西宽约 40 公里，含煤面积约 3500 平方公里，已探明储量就有 270 多亿吨。其主要煤种为不粘结煤，特点为低灰、低硫、特低磷、中高发热量和高化学活性，品质优良，是理想的动力用煤和化工原料用煤，而且开采条件较好，被国务院确定为全国 13 个大型煤炭基地之一。随着煤炭开采业的日渐升温，灵武矿务局基础设施建设越来越完善，王有德敏锐地看到了建材市场的巨大商机。

白芨滩防沙林场有着土地、劳动力及地理位置的优势，这为发展多种经营、解决职工就业、壮大集体经济实力提供了条件。为了充分发挥优势，王有德在区内外反复考察、调研、论证和酝酿，广泛征求各方意见，提出了在林场的甜水河路旁建设灵白机砖厂。

因为林场缺乏资金，机砖厂的建设采取了合资形式，预计投资 85 万元，其中合资方投资 55 万元。然而，当林场将 30 多万元贷款全部“砸”进砖厂基础建设之后，由合资方负责建设的砖窑和烟囱因为造价过高，王有德提出了异议。合资方说，砖窑和烟囱造价如果低于 60 万元就撤资。几度谈判未果，当王有德从合资方的办公室里走出来时，他落泪了。就在这个时候，林场班子内部也出现了不同意见，有人甚至说：“开发果园还能吃上苹果，砖头能带回家当饭吃吗？”

王有德和林场职工一起平整扎设好的草方格

30多万元，那是林场两年的财政拨款，对于白芨滩防沙林场来说，建设机砖厂那就等于是砸锅卖铁啊，如何向职工们交代？

机砖厂的建设让王有德领略了市场的无情，王有德肩负着他人难以想象的压力。那段日子，王有德心力交瘁，白天吃不下饭，晚上睡不着觉，过度操劳使他患上了严重的神经衰弱症，人瘦了一圈。一位老领导碰见他几乎都没认出来，私下说："这人怕是要倒了。"

背负着沉重的包袱，王有德四处奔走，寻求合作伙伴。有道是吉人自有天相，转机来了，而这转机完全缘于他平素的为人处世。王有德的正直和认真，还有他一心为公的作风，感动了时任郝家桥建筑公司经理吴忠和东塔建筑公司经理朱天宝，两位老板倾情相助。他们垫工垫料帮助建窑砌烟囱，造价仅为24万元！白芨滩防沙林场算是渡过了一劫，可王有德却也脱了一层皮。

1990年9月，灵白机砖厂建成投产。9月22日，砖窑与北京亚运会主火炬同时点火，至年底，短短几个月时间就盈利4万元。

或许，这4万元在现在看来并不算什么，但对于林场来说意义重大。一方面，4万元在当时不是个小数目，因为林场每年的财政拨款只有15万元；另一方面，机砖厂赢利为白芨滩防沙林场淘到了多种经营的第一桶金，极大地提振了白芨滩人对机砖厂的信心。

机砖厂投产让王有德向多种经营之路迈出了坚实的一步，他抓住时机，大胆决策，立刻又建起了预制厂。

机砖厂、预制厂两家建材企业建起来后，呈现出良好的发展趋势，5年时间便收回100多万元的投资。为了适应市场经济发展的需要和扩大再生产，赢得更大的利润空间和经济效益，王有德对机砖厂、预制厂实行了股份制改革，成立了灵武市第一家股份制公司，实行股份制经营。同时，通过内部深化改革，转换经营机制，控制生产成本，精简和压缩非生产人员，加强内部管理，机砖厂、预制厂的生产效率大幅提高，呈现出蓬勃生机。公司还采取入股自愿、退股自由的办法，由工人选定股东，风险共担，当年就实现利润分红20%，最高分红达8000元。大锅饭被打破了，分配机制被激活了，职工们的积极性一下子被调动起来，收入得到大幅增加，原来不愿入股的职工，后来抢着入股。

两家建材企业自建设以来累计实现产值1959万元，实现利税238万元，平均每年为林场治沙造林提供30万元资金，大大填补了林场治沙造林经费不足的缺口，也加快了林场治沙造林的步伐。

“绿色银行”

在白芨滩防沙林场，宁夏灵武苗木花卉绿化工程服务中心有着“绿色银行”的美誉。这是因为该中心自成立以来，为林场职工分配了数千万元的利润，圆了职工发家致富的梦想，更为林场治沙造林的高效发展提供了后劲。

苗木是林业生产的基础，每年植树造林任务一下达，王有德都为了调苗子而长途奔袭。尤其是当林场走出生活和治沙的困境，开始承揽周边的一些绿化工程的时候，苗木、花卉的用量越来越大，若经常去外地调苗子，林场除花销大之外，承揽工程的利润也都让别人挣走了，这让王有德心里不爽，更觉颜面无光。用王有德自己的话说："自己穿的没裆裤，还年年为人作嫁衣。"

为了充分发挥林场人力、技术优势，培育更多更好的苗木，提高经济效益，增加干部职工收入，促进城乡绿化事业的发展，1994 年，王有德把握住苗木花卉市场需求渐旺的商机，毅然投资 40 万元成立苗木花卉绿化工程服务中心。中心一成立，就构建起现代企业框架，建立健全了花房苗木生产、苗木培育、苗木销售等管理制度，实行独立核算、自主经营、自负盈亏。通过整合干部职工技术队伍，加强苗圃经营管理和监督检查，鼓励职工参与花卉、苗木生产和销售，并给予一定的报酬和提成，由苗木花卉中心与育苗户直接落实育苗面积和树种，并签订了苗木供销合同，有力地提高了职工育苗的积极性。中心成立当年，即与职工签订育苗合同 52.3 亩。场里还将北门外林业局果品基地 100 亩老化的果园改造成苗圃，培育爬墙虎、连翘、丁香、刺玫等苗木，并继续加大樟子松、桧柏、侧柏、云杉等苗木的培育，用于绿色通道工程和城市街道绿化。苗木花卉中心还在逐年加大治沙造林当家品种——柠条、花棒的播种面积，在提高苗木产量和质量的基础上，又增加了绿化常用针、阔叶苗木的繁育面积，特别是增加了樟子松、桧柏、侧柏等树种的移植面积；加大了外来引进品种的培育数量和面积，特别是丁香、连翘、榆叶梅、芍药、玫瑰、黄杨、爬地柏等花灌木的培育。

随着灵武矿区的开发建设及城市绿化投入加大，王有德立刻作出反应，调整种苗结构，改变以自育自销为主的苗木培育方向，培育适应城市绿化的良种壮苗，大胆引进新树种，增加针、阔叶乔木育苗面积。1995 年、1996 年，林场从河南、山西、宁夏六盘山等地引进千头椿、华山松、桧柏、云杉及花灌木等近 3 万株进行培育，增强苗木的适应性，提高苗木的抗逆性。为增加花卉品种、扩大影响，满足顾客要求，1997 年，林场又从广州调入数千盆花卉进行培育繁殖。职工从选种、育苗到田间管理，精心操作，提高了单位产苗合格率。在苗木培育过程中，为了把苗木推向市场，场里号召干部职工积极行动起来销售苗木，中心每年实行收入大包干，采取销售额与工资挂钩的办法，激发和调动管理人员及职工销售苗木的积极性。春季是苗木销售的黄金季节，中心负责同志和部分职工主动走出花房找门路，大家各显神通推销苗木，很快，林场培育的苗木花卉就占据了磁窑堡、马家滩、灵武县城、吴忠、银川等地花卉市场，并远销甘肃、陕西、内蒙古等地。

2001 年， 王有德又抓住西部大开发退耕还林、封山育林 (草) 政策和中日治沙造林项目机遇，出台一系列政策，职工培育沙生灌木苗的积极性急剧提高，仅 2001 年就成功培育了

100余万亩花棒、柠条、杨柴、沙拐枣等沙生灌木苗，在满足林场自用外，剩余一部分苗木还销往北京、内蒙古等地。

为了确保项目造林用苗和承揽的古王高速公路绿化工程用苗，王有德再次出台优惠政策，免费提供土地，承担水电费，鼓励职工谁育苗、谁投入、谁受益，充分调动起广大职工的育苗积极性。承担育苗重任的大泉分场把苗木培育工作当作全年重中之重来抓，进一步明确了责、权、利，把育苗任务分解到每个职工身上，从整地、播种、施肥、保苗一包到底。另外，在加强造林苗木培育工作的同时，继续瞄准绿化苗木市场，在抓好现有留床苗木管理的基础上，又引进了合欢、广玉兰、紫叶李、百日红等18个试验新品种。

随着苗木培育基地的不断扩大，苗木品种越来越多，苗木产业逐渐形成了一定规模，为林业发展和项目绿化工程的实施打下了坚实的基础。2002年，王有德对所有苗圃实行了股份制经营改制，在原苗木花卉绿化工程服务中心的基础上，成立了灵武白芨滩苗木绿化股份有限责任公司，形成总公司、分公司、职工个人以不同形式共同参股的股份制经营实体。总公司下设白芨滩、甜水河、北沙窝、大泉四个分公司，经营苗圃总面积343.2亩，有各类苗木34万余株，苗木评估作价为72.9万元。公司修订完善了章程，选举产生了董事会，有41名职工以货币资金、28名职工以劳入股，成为公司股东，参与管理。股份制经营把林场的苗木培育、销售、管理全面推向市场，使苗木经营走上了以市场需求为先导，全体股东共同管理、共担风险、共享利益，在竞争中求生存谋发展的市场之路。职工们看准了苗木的广阔市场，纷纷拿出积蓄，变死钱为活钱，参与投股，仅半个月就吸纳股金32.2万元。身份的转变，使得职工参与意识、经营意识大大增强，工作态度大为改变，工作热情明显提高，责任心普遍加强。在全体股东的努力下，当年实现各类苗木销售收入168.5万元，股东得到了入股分红的实惠，苗木公司股份制经营呈现良好发展势头。为了形成规模，丰富品种，提高市场竞争力，林场注重培育大苗，增加苗木科技投入，近年来，从河南等地又引进了黄杨、金银木、金叶莸、大丽花等苗木花卉，苗木销售由过去托关系找门路，转变为客商上门订购，尤其是公司培育的樟子松畅销区内外，供不应求。苗木公司逐渐发展成为全区花卉苗圃的排头兵。

苗木花卉中心自成立以来，累计投资300多万元，建成了1000余亩的基地，共出圃2000多万株苗木，累计创收3000万元，不仅解决了本场的造林用苗，还成长为填补林业生产资金缺口的“绿色银行”。

2011年7月5日，在白芨滩治沙成果展览基地，由韩国韩华集团出资600万元无偿援建的太阳能光伏发电项目设备开始运行。这是国外财团第一次在中国西部以无偿援助的方式建立的节能环保型光伏发电系统推广试点。

王有德在设施温棚中查看栽培的果树苗

王有德很兴奋，说：“如今在沙漠里，我们能利用太阳能实现四季培育树苗。靠着太阳能发电系统，3200 平方米的工厂化育苗车间，一年四季都可以育苗，预计每年可出 5 批树苗，这样，我们就能为沙漠披上更多的‘绿衣裳’，提高治沙的速度和效率。我有能力有信心，带领工人们创造更多的生态效益和经济效益。”

3200 平方米的工厂化育苗车间里，数万株小树苗嫩芽碧翠，生机勃勃，欣欣向荣。王有德蹲下身去，轻轻抚摸着树苗，他的脸上洋溢着迷醉的笑容，那是父亲在看到子女时才有的幸福的笑容。

正是有了育苗车间和白芨滩防沙林场职工们承包的苗圃基地，林场下属的绿化公司承接的绿化工程才得以“有米下锅”，绿化公司进入市场后取得的经济效益，又为反哺治沙提供了资金保障。

锻造品牌

有人这样说过，如果王有德给自己干，至少现在已是亿万富翁，因为他脑子好使，目光敏锐，思路开阔。

随着国家越来越重视环境治理，大型绿化工程成为工程建设的重要组成部分。在国家西部大开发政策的指引下，宁夏及周边地区道路交通等基础设施和生态环境建设进程加快，王有德的目光又瞄上了日渐热起来的绿化工程。他认为这是林场搞多种经营必须占领的市场，而白芨滩防沙林场有技术支撑，又有劳动力资源，因此，他又注册成立了白芨滩防沙林场添保治沙造林有限公司。

从 1994 年起，王有德就尝试着在灵武矿务局矿区范围内进行小段绿化工程施工，这是林场投身绿化工程施工的雏形。围绕矿区建设和发展，林场以矿区绿化为主，先后完成了矿务局中心区景观绿化工程、大古铁路治沙造林绿化工程、大古公司古窑子车站绿化工程和灵武县水电局院落绿化工程等30多处大、中、小型绿化工程，积累了一定的经验。承揽这些绿化工程，既解决了林场培育的花卉苗木数量、规模不断扩大后的销路问题，又拉动了林场经济迅猛向前发展。职工们尝到了走市场参与竞争、搞多种经营的甜头，有了干劲，收入也明显增加了。林场的集体经济有了收入，防沙治沙资金的缺口得到了弥补，社会影响力也逐步提升，真正实现了名利双收。

添保治沙造林有限公司成立后，王有德亲自到有关项目工程建设单位联系绿化工程，对于承担的每一项工程，王有德都将之放在时代的大背景和全区整体发展形势下考虑。在每一项工程中，王有德都把挣钱放在第二位。一是因为他所承揽的工程都是大型工程，代表着宁夏的形象，代表着宁夏绿化的形象。二是因为他总说："我们就是干绿化的，该奉献时要奉献。"王有德表现出了一名共产党员为大局着想谋长远利益的高尚精神境界。

姚叶高速公路是宁夏的第一条高等级公路，白芨滩防沙林场以最低标价拿到姚叶高速公路绿化工程施工方案后，王有德仔细研究了整个方案，绾上了一个解不开的心结。按照对方提供的绿化方案，姚叶高速公路中分带设计种植柠条、红柳、榆树和花棒等沙生植物。王有德认为方案设计种植树种起点太低、形象差，就像"新媳妇苫了个破盖头"。作为宁夏的第一条高速公路，公路两旁种这样低档次的植物，无疑将对正立于改革开放潮头的宁夏形象产生重大影响，同时也会对宁夏的绿化形象造成影响。

思前想后，王有德去找了业主，跟业主协商改换品种，建议种植侧柏、樟子松等高档次树种。业主说：“方案可以更改，但资金不能增加。”王有德一拍桌子说：“行。”当即承诺林场承包的26公里标段全部改种侧柏、樟子松，不增加一分钱费用。建议被采纳后，王有德回到工地，立刻对原方案进行了调整，取消了每株不到0.5元的柠条、花棒等低档次品种，更换为每株十几元的侧柏等高档次树种。工程结束后，林场一核算，不仅未从该项工程中赚到钱，还倒贴了不少家底。

职工们有些想不通，王有德却说：“苗木生产是保障绿化工程的基础，保证工程质量是经济效益的前提，我们就是干这一行的，绿化是我们的职责，生态效益有了，这就是我们最大的收获。对于白芨滩防沙林场来说，这将是一条永远要走下去的路，只有把形象树起来，我们才有干都干不完的绿化工程。”如今，王有德的谏言已在自治区高等级公路上变成了现实。当南来北往的司机穿行于西部这段四季常青、三季有花的高速公路时，都不敢相信这是在宁夏。

2001年5月，白芨滩防沙林场以最低报价中标古王高速公路第一合同段绿化工程。正当职工们摩拳擦掌准备为林场大赚一笔时，王有德却“节外生枝”。他认真研究设计方案后，认为在路基两侧边坡种植白榆和一年生白茎盐生草不符合宁夏实际，建议种植臭椿、紫穗槐等抗旱、抗病虫害能力强的多年生灌木。宁夏交通管理部门十分重视他的意见，立即组织专家研究论证。在随后举行的几次研讨会上，“土专家”王有德与来自各方的资深专家“华山论剑”，翔实的数据、理性的思辨、大量的实例，终使与会各方心服口服。经过一个多月的反复论证和实地察看，古王高速公路边坡绿化方案全线采纳了他的建议。方案的改变，不仅大大提高了防风治沙的水平，且每平方米造价仅为原设计方案的十分之一，为国家节省了大笔开支。然而，树种的改变，使林场的效益大打折扣。其间，有位老职工找到王有德，说：“你这闲事一管，林场的几十万元利润全没了。”王有德语重心长地说：“我们不能只看眼前，治沙事业才是功在千秋的大事。”个别中标单位也指责王有德沽名钓誉，断大家的财路，职工们听后也憋气，王有德淡淡一笑说：“嘴在人家身上长着，你管得了吗？我们该怎么干还怎么干！”

“桃李不言，下自成蹊。”对工程负责，为业主着想，正是王有德这种将国家利益置于第一位的主人翁精神和舍小“家”顾大“家”的大局意识的生动体现。多年来在林业生产一线积累的大量实践经验和对林业技术的精通，为白芨滩防沙林场和王有德赢得了良好的声誉，大工程、大项目的绿化都主动找上门来。白芨滩防沙林场的绿化业务成了品牌，王有德说："我要的就是品牌效应。"

"王有德眼界高，境界更高，工程交给他，我们放心。"这是所有业主对王有德共有的评价。

如今，宁夏交通厅每次研究公路绿化问题，首先想到的就是白芨滩防沙林场，想到的是王有德，都会邀请王有德参加。"春色满园关不住，一枝红杏出墙来。"宁夏一些大型绿化工程在制订绿化方案时，都请王有德出谋划策。白芨滩防沙林场添保治沙造林有限公司也以优良业绩跻身全区绿化行业前列。

凭借着林场日益兴隆的名声和"王劳模""治沙英雄"品牌效应的影响，1998 年以来，林场先后承揽了百余家单位的绿化工程项目，竣工决算营业额达 1.1 亿元，绿化面积 4000 多亩，累计实现产值 3000 多万元。仅 2012 年上半年，白芨滩国家级自然保护区管理局营业收入就已突破 1 亿元，实现计划的 200%，其中 80% 的收入用于反哺治沙，平均每年反哺治沙造林资金 400 多万元，确保了治沙事业的持续发展。

承担绿化工程，王有德总结出五赢：一是扩大林场劳动力就业，二是解决了苗木销售问题，三是逐步壮大集体经济实力，四是弥补治沙资金不足的问题，五是为白芨滩防沙林场培育出全区一流的能打硬仗的绿化队伍。

通过十多年的不懈努力，林场多种经营的雪球越滚越大，成功走出了一条"内改经营机制、外拓生存空间、靠创新求发展”的兴林之路。作为一个防风固沙林场，为了进一步拓宽经营渠道，增强林场实力，为防风固沙提供更多的资金，王有德带领林场职工坚定不移地走多种经营之路，抢抓绿化市场机遇，实现了林木资源增加、集体实力增强、职工收入增多的喜人局面。随着治沙规模逐年扩大，白芨滩防沙林场由原来的1个场逐步扩大到1个总场、6个分场、4个公司；治沙造林工作由被动变主动。到2014年底，固定资产达到1个多亿，林木资产达到10多个亿，职工人均年收入突破4万多元。同时，林场在量化考核方面将职工福利待遇与治沙效果挂钩，有的职工年收入达二三十万元，职工治沙积极性大大提高。职工们高兴地说：“单一经营，越干越穷；多种经营，威力无穷。”

坚守初心

◎治沙与致富的可持续结合

◎“人定胜天”的科学精神

◎赔本彰显大境界

◎依法治沙

职工致富，林场增收，王有德干得轰轰烈烈，同样轰轰烈烈的还有气壮山河的治沙工作。王有德虽然没有三头六臂，但却威风八面，在抓富民举措和多种经营的同时，王有德更是从未放松过防风治沙，他所有创收的项目都是建立在防风治沙的基础之上。富民举措是在夯实治沙基础，多种经营是在增强治沙实力，王有德的目标依然是固沙。

王有德说："有两种工作不能推脱，一种是必须做的，一种是自己喜欢做的。防沙治沙，既是我喜欢做的，又是我必须做的。这是终极目标，因为，这个林场就是为了防风固沙而建的。"

王有德是中共十七大、十八大代表，第十届全国人大代表，他提的所有议案和建议都是关于造林的，每年关于治沙都要提上两三个建议。他说："豁出一辈子，干成一件事。干这个职业就得扎根一辈子，当人大代表也得盯住一件事。"

多种经营，王有德带领白芨滩人干得风生水起，有的职工说："治沙这么赔钱，不如少治些沙，挣来的钱干些别的岂不是更好？"王有德一瞪眼睛，说："我挣钱是为了治沙，我这辈子就是为治沙而生的。"

"防风治沙，那就是一颗钉，锈都锈到心里了。"王有德又说。

治沙与致富的可持续结合

随着生态文明越来越受到人们的关注，关于治沙的报道越来越多，但我们发现多数报道反映的是有志于治沙事业的人对治沙的坚持不懈和忠贞不渝，然而，就是走不出"生态富有，经济贫困"的境遇。沙漠绿了，治沙者却负债累累，生活举步维艰。于是有人感叹："治沙即致贫。"然而，白芨滩防沙林场呈现出来的却是治沙越治越富。

白芨滩防沙林场有什么诀窍？

王有德一语道破："一是治沙，二是治穷。关键在于调动职工的积极性，治沙与治穷相结合，走治沙即致富之路。

别人靠山吃山，靠海吃海，我们靠沙吃沙，而且要吃得生机盎然，幸福美满！”

孙武在《孙子兵法》中说：“上下同欲者胜。”职工们治沙治穷了，那就让职工们在治沙中富起来。

搞生态建设投资大、周期长、见效慢，因此，在发展多种经营的同时，王有德将治沙成效与个人收益挂钩，鼓励职工走综合发展之路。通过采取果树转让承包经营制、苗木培育股份制、小额贷款发展养殖业等措施，林场实行种植养殖业与经果业的联动互补、循环利用，让职工成为生态建设的受益者，实现生态效益与经济效益双丰收。

为了最大限度地调动起全场职工植树造林、防沙治沙的积极性，林场实行了全员目标管理，把全年工作分解为具体任务，层层落实，人人签订目标管理责任书，形成人人身上有指标、九牛爬坡各出力的工作机制。同时，推行场长任期目标责任制，打破管理岗位终身制，坚持能者上、平者让、庸者下的合理流动的用人机制。

计划经济体制下的国有体制的一潭死水被管理制度的创新激活，为走入死胡同的国有林场开辟了一条激情迸发的出路。

自 1994 年起，王有德在全场推行植树造林与经济指标挂钩机制，实行包栽、包活、包管理、包费用，超奖减罚，凡成活率低于核定指标的，由承包人无偿补植，成活率低于 40% 的当年不予投资。随着治沙项目工程造林的实施，引入招投标机制，对治沙造林分段划片，按照项目工程造林进行内部招标承包，把竞争机制引入内部管理，在全场职工中展开竞争，谁的技术力量强，谁能为场里争取最大利益，谁就中标，让内部职工充当“小工头”“大老板”，工程期限1—3年。投标人可以是队组、家庭或个人，投标人根据造林工程内容及进度要求报价，中标后签订承包合同，根据施工进度及质量分期付款，到期后经验收，工程质量合格、成活率达到规定指标即同意交工并付清全部工程款；否则，要求中标人延期交工并扣留部分工程款。采取入股自愿、退股自由的办法，提高了职工们的积极性。对护林员实行划片承包责任制，签订承包合同，每轮承包期3年。在承包期间，护林员要做好辖区内林木管护工作，确保林区达到“八无”（无侵占林地、无毁林案件、无牲畜啃食、无林木丢失、无森林火灾、无乱砍滥伐、无挖甘草、无设施损坏等案件发生）者，年终发给全额工资，下一轮可继续承包，并予以奖励，达不到要求者酌情扣发工资并终止合同。2000年以来，林场又确定了“六个一”的奋斗目标，即一人一年扎一万个草方格，挖一万个树坑，植一万株树，治沙造林一百亩，从治沙造林中实现收入一万元，并按20%的目标逐年递增。确定目标责任，责任落实到人，一定三年不变，限期绿化达标。

与此同时，王有德还大力推动以苗木培育、经果林种植、设施栽培和养殖业为主的经济与生态复合的支柱产业。

1990年，林场对在北沙窝开发的460亩果园采取集体承

王有德常年坚持和职工一起参加劳动

包制，实行“五定指标双奖赔”，即定人员、定工序、定投资、定产量、定产值，产量产值双奖赔。1996年，对北沙窝分场果园实行个人承包管理，承包期为3年。采取包产量、包费用，超奖减罚，年终兑现。果品由场里统一销售，按照上交果品数量进行决算。1997年采取“六定”“五统一”的承包办法，“六定”即定人员、定工序、定产量、定产值、定投资、定树木保存率；“五统一”即统一修剪、统一防虫、统一灌水、统一施肥、统一技术指导。产量产值指标每两年调整一次。2004年又打破旧的承包模式，实行转让经营，采取两权分离，两级管理，以园养园，以树养人，自筹费用，自行销售，自负盈亏，全奖全赔，先交钱、后包园的经营形式，通过招标进行转让，中标职工一次性交清9年转让费，果园归个人经营。

1991—1993年，王有德带领林场的技术人员尝试治沙造田，在沙漠外围营造大面积以灌木为主的防风固沙林，形成第一道防线；围绕干渠、公路、果园，建设多树种、高密度、宽林带的生态屏障。在两道生态线的保护下，内部引水推沙造田，培育经果林。当年在大泉分场沙漠中开发果园2000亩，栽植防护林5.8万株，定植果树7.8万株，不但形成了沙漠前沿高效能的防护体系，而且使职工有了长期可以依赖的“工资园”，仅此一项就解决160多个内部职工就业问题，社会就业200多人。1998年对大泉分场果园实行转让经营，转让期为23年。按果树品种、树龄、树势分等级作价，实行转让经营，5年内交清果树转让金，自筹生产费用，自负盈亏，场里以指导、监督管理为主，对承包者采取“六统一”管理措施，即统一水电管理、树体管理、品种更新、新技术推广应用、林田水利基本建设和各生产环节的检查验收。让职工直接参与经营，从中得到实惠。沙漠的地理气候条件让白芨滩水果成为极品果，漂洋过海赚取外汇，成为职工致富的主要门路。有十余户职工仅果园一项，收入连续三年超过10万元。

养殖业的发展与治沙也息息相关，因为每年植树造林需要许多农家肥，因此，大家的积极性很高。2000年，林场为了扶持职工发展养殖业，王有德提出户均1头牛、10只羊、1座棚的奋斗目标，特别是扶持养殖大户以起到示范带动作用，采取养殖场统一规划、免费提供红砖、内部借贷不收取资金占用费和利息，解决了职工养殖前期资金不足的困难。2005年出台补贴政策，即每年每养1头牛补贴300元，养1只羊补贴30元，养1只家禽补贴3元，养1头猪补贴50元。职工在养殖业上得到了实惠，尝到了甜头，积极性高涨，养殖大户和专业户如雨后春笋，先后涌现出了大泉治理站李桂琴、吴广全、马耀岐、杨春娟、张海等养殖大户。他们通过养殖，既赚了钱，又积肥养地，解决了果树肥源不足和花钱购肥的问题，还带动了种植业的发展，逐步走上了循环发展的经济模式。为了扩大养殖规模，2007年林场在马鞍山投资建设占地面积近千亩的养殖场一座，设施设备配套齐全，承包给职工经营，获得了良好的经济效益，起到了示范带动作用。

治的沙多，种的树多，养的牛多，挣的钱多。“四多”搭建起了治沙与致富的广阔平台，目标管理责任制的实施，激发了林场职工的生产积极性，增强了责任心，治沙造林热情空前高涨，形成由过去的“要我造林”转变为现在的“我要造林”的浓厚氛围，锻造出一支懂治沙、有经验、会管理、能打硬仗、善打硬仗的治沙队伍，极大地推动了林场防风治沙业的大力发展。“治沙有治头”“治沙即致富”的观念就像一棵大树，在白芨滩防沙林场深深扎下根，同时也为职工们创造了发家致富的有利条件。由于发挥了市场这个无形之手的作用，沙漠成了白芨滩职工的聚宝盆。

“在白芨滩防沙林场，一个人就是一片森林。”这是王有德跟职工们经常说的话。在他的培养影响之下，白芨滩防沙林场职工也闯出了一片天地，李桂琴就是其中一位。

1999 年，27 岁的李桂琴来到白芨滩防沙林场，成为一名治沙工人，正赶上场里号召职工参与果园转让经营。她想，这是场里给职工置下的一份脱贫致富的产业，再说，果树管好了，一方面有经济收入，另一方面还能起到防风固沙作用。在别人还在等待观望的时候，她在爱人的支持下，拿出家里仅有的 5000 元钱，交了第一年的果树转让金，承包了 15 亩果园。她从果树的施肥、修剪、疏花、疏果等多方面虚心请教，通过艰辛的劳动，换来了丰硕的成果。现在她经营的果园，果树长势喜人，不但为生产优质果品奠定了坚实的基础，而且大大降低了果品生产成本，提高了果园的经济效益。2011年收入近20万元，其中种植的25亩苹果、李子为她带来了超过14万元的收益。

2002年，日本援助治沙项目在大泉沙漠中实施，为了完

林场职工承包种植的经果林喜获丰收

成好该项目，场里引入招标承包机制，把项目区划分成多个标段，让全场职工共同竞标承包。良好的机制激发了广大职工的治沙积极性，李桂琴一人就投标承包了3个标段1100亩的治沙工程，是全场职工中承包治沙工程最多的。7月是宁夏最热的时候，沙漠中的地表温度高达60多度，李桂琴和家人每天带上干粮和水壶，天不亮就出门，一头扑进沙漠中，扎设草方格。别人一天扎340个，她就扎400个，别人扎400个，她就扎450个，凡是自己能干完的绝不雇人。凭着一把子苦力气，当年造林成活率超过75%，收入5万多元。望着手里通过治沙挣回的一摞摞钞票，李桂琴更加坚定了治沙的信念。2004年至2006年，她先后治沙1000亩，参与铁路、公路固沙工程，治理沙漠680亩，承包治理荒山2000亩，收入达21万元。

艰苦的工作磨炼了人的意志品质，更凸现了人生的价值和意义。在个人收入不断增加的同时，李桂琴也看到一些职工因为经营思路等原因而致贫。她主动向分场领导提出，带领一些致富无门的职工一起承包绿化工程，让大家共同富裕起来。2004年，她投标承包中郝高速公路绿化工程后，联合了6名职工跟她一起干。一年下来，这6名职工收入最多的有4万多元，最少的也有2万多元。看到职工们跟着她挣到了钱，她感到比自己挣钱还高兴。她又养了17头奶牛，给其他职工进一步增收带了一个好头。这让她干劲倍增，2012年林场实施万亩樟子松建设基地项目，她一下又承包了530亩治沙任务，拔了全场承包治沙面积的头筹。

一方面埋头治沙，另一方面李桂琴又利用优势，开展多种经营，发展养殖业，养殖奶牛18头，种植苜蓿20亩，以种植业带动养殖业，通过养殖解决果园有机肥料，形成循环发展经济链条。如今，李桂琴、吴敬国夫妇有牛100多头，果园、苗木40多亩，设施园艺温棚6个，楼房3套，总资产新增了200多万元。她是继王有德之后被全国绿化委员会授予“全国绿色长城奖章”的第二个白芨滩人。

在“李桂琴发展模式”的带动和影响下，现在大泉分场有7户职工养起了99头奶牛和肉牛，年收入达到18万元，成为职工增收的又一个经济增长点。

林场以苗木培育、经果林种植、设施栽培和养殖业为主的支柱产业，以及与治沙形成的良性循环经济模式，使得职工基本实现了户均10亩园、10亩圃、1头牛、10只羊、1座棚的奋斗目标，林场职工平均收入连续五年保持12%以上的增长速度。2011年职工人均年收入突破4万元，其中有10多名职工年收入突破20万元，三分之一以上的职工年收入达到了10万元。事实证明，治沙与治穷实现了场子活、沙漠绿、职工富的目标。职工不但在治沙中得到了实惠，而且得到了荣誉，全场先后有多人获得各级党委、政府的表彰。

在白芨滩防沙林场，在毛乌素沙漠深处，遇见扎草方格或植树的，千万别小看了，因为他（她）有可能是百万富翁。

“人定胜天”的科学精神

王有德被誉为“当代愚公”，为何是“当代愚公”？有一篇评论这样阐述：“之所以是‘当代愚公’，是因为他不仅具有愚公的韧劲，更具备了共产党人的科学精神。愚公只知道‘每天挖山不止’，子子孙孙一直挖下去。王有德则不然，他善于总结经验、积极探索客观规律，走出了一条科学治沙的道路。”

如果用一个词来形容王有德治沙无畏的信念，那就是“人定胜天”。

如果用一个词来形容王有德治沙成功的秘诀，那就是“科学精神”。

王有德说：“人定胜天是一种精神，需要科技做后盾。”

科学对于人类的影响有两种方式，一种是物质的，一种是精神的。比较而言，人们更容易看到它物质的一面，看到科学所具有的改善人类物质条件的力量。这种力量就是通过科学技术，不断提高社会生产力，不断改变人类的生产和生活方式。这就是“科学技术是第一生产力”中科学所起的作用，它也是一种物质的力量。

从王有德走进白芨滩防沙林场的那一天起，已经过去了

林场职工将麦草背到治沙现场

整整30多个春秋，30多个春秋坚持不懈的治沙历程，记录着王有德对治沙技术不断探索、不断创新的过程，他在探索一条科学治沙之路。

兵法云："知己知彼，百战不殆。"与沙漠搏斗，那就是无硝烟的战争。

"只要摸清沙漠的脾气，走科学治沙之路，坚持巧干加苦干，沙漠是可以被征服的。治理沙漠，不但需要人定胜天的信念、吃苦耐劳的实干精神，更需要科学求实的态度。在大自然的淫威面前，人是渺小的，但科学是强大的。"

与沙漠抗衡30多年，王有德深有心得。

沙冬青是白垩纪第三纪残遗植物，属四季常绿阔叶灌木，生长在极端干旱的荒漠中。沙冬青防风固沙性能好，生态效益巨大，是绿化荒漠山川的优良树种。世界上仅俄罗斯和我国新疆、内蒙古、宁夏有少量分布，是国家二级保护濒危物种。20世纪70年代，国家有关科研单位与白芨滩防沙林场用常规育苗方法，试验裸根移栽沙冬青，结果以失败告终。为了保护这一濒危物种，2001年，王有德抽调科研人员组成科研攻关小组，在白芨滩总场管理站和甜水河分场管理站进行沙冬青育苗栽培试验。一次、两次、三次……科研人员在不断的摸索中观察发现，沙冬青幼苗根系存在白、嫩、细、脆的特点，稍一触碰即断；大苗根系繁大，再生能力极低，移栽很难成活。科研人员试验用黏性果园土壤做营养土，将营养土装入营养袋内，用沙冬青籽种在营养袋中育苗，然后将幼苗连同营养袋一同移栽在适合沙冬青生长的土壤里，从而避免了幼苗移出苗圃栽植时对根系的损伤。当年，在磁窑堡镇古窑子村和临河镇甜水河村的荒滩上栽植的 3 亩多沙冬青幼苗绝大部分成活，沙冬青人工栽植实验获得成功。2003 年秋，林场采取同样方法，又在河东机场马鞍山一带荒滩上栽植了 24 万株沙冬青幼苗，大部分成活。白芨滩防沙林场在国内首次培植沙冬青的成功，实现了人工保护这一濒危植物的创举。

正是凭借着这种执着的探索精神，王有德通过多年的潜心试验，选育出了适宜各种类型沙区生长的、特别耐旱的植物，包括沙冬青、柠条、花棒、沙柳、沙拐枣等，掌握了在沙地上育苗造林等技术。他大胆引种樟子松、侧柏、白蜡、水曲柳等名贵树种，时常搬出书本研究每一种树木的习性，尤其是刚刚引进的外来树种。通过多年的书本学习和实践钻研，王有德发明了冬季包裹草缨保暖，夏季用喷雾器给叶面喷水保湿等办法，解决了侧柏、樟子松等树木难以存活的难题。针对金龟子吃芽尖的问题，他发明了给樟子松“穿裙子”的办法。樟子松树苗栽到地里后，就用一块塑料布做成喇叭状，喇叭口朝上，固定在每一棵树的树干上。这样，金龟子就没法爬上去吃芽尖了。给樟子松“穿裙子”，工作量多大呀！每棵树都得过遍手，虽然辛苦，但却是最有效的。目前，王有德

王有德和林场职工一起挖坑准备栽植树苗

已培育改进了几十种国内外树种，从而使得宁夏高速公路绿化带能大面积种植侧柏、合欢等高档树种。他既是治沙专家，也是林学、园艺学、生态学专家，无论是前来考察的专家，还是到此参观的学生，王有德的解说都能让大家收获颇丰。他对沙漠造林技术难题的研究令许多专家折服。

王有德在沙区边缘累计开发建设经济林和苗圃基地6000多亩，将荒漠化地区的改造和利用推向多维林业、能量循环、资源再生的新阶段，为荒漠化地区的产业开发创造了成功范例。经过20余年不遗余力地执着推进，王有德建成了沙生植物采种基地，达到了沙漠综合治理的国际先进水平。

集沙漠化土地开发、利用和研究于一体的防沙固沙科学实验，是王有德带领科研人员探索攻关的重点。在总结林场多年来治沙经验的基础上，王有德通过多年精心研究和实践，探索创造出了干旱治沙造林、引水治沙营造骨干防护林、引水造田发展经果林核心产业，田间种植农作物、经济作物，发展畜牧业增加肥源改良土壤实现循环的“五位一体”立体开发防沙治沙模式，得到国务院的肯定，并明确指出要推广白芨滩防沙林场的成功治沙模式和经验。这一模式成果还获得自治区科技进步二等奖。

王有德改变了“一季造林，成活靠天”的传统造林模式，实行了“三季造林，工程与生物措施相结合”的治沙模式，形成了“一年三季抓造林，长年累月抓管护”的良好局面。

他带领职工采取扎草方格沙障治沙、旱情严重穴灌补水造林、雨季穴播造林、雨季人工模拟飞播造林、营养袋育苗和造林、高分子吸水剂蘸根等造林技术，实行乔灌草相结合，确保造林一次性成功，为全国防沙治沙提供了宝贵经验。

20 世纪 90 年代后期，随着治沙规模的逐步扩展，林场所剩沙区多为强度沙漠化级干燥型沙丘，这是沙漠治理最难啃的骨头。面对极其困难的治沙条件，王有德没有气馁，没有退让。1993 年，王有德升任白芨滩防沙林场场长，他积极争取国家、自治区林业部门的支持，大力引进项目资金，实施项目带动战略，依托专业林场的技术优势，加快了治沙步伐。在他的争取下，中日沙漠化农用林试验模式研究项目落户白芨滩防沙林场。3 年时间，王有德带领职工奋战沙漠，按照宽林带、多网络、多树种、高密度、乔灌混交等模式，完成了由干旱固沙林、骨干防护林、经济林带组成的“三位一体”防护林体系建设，创建了“沙漠化地区林、农、牧、种、养加各类废弃物—能源—土壤循环立体开发试验模式”，集沙漠化土地开发、利用和研究于一体，完成造林任务 905 亩。中日专家验收后认为，这一项目创建了沙漠化地区循环开发的模式和成功范例，达到了沙漠综合治理的国际领先水平，

解决了世界性难题。这一治沙成果曾被联合国环境规划署确定为“全球环境保护500佳”范例，并获宁夏回族自治区科委科技进步二等奖，先后有60多个国家的科技人员来中国

生机盎然的毛乌素沙漠

宁夏学习治沙经验，由此增强了日本专家继续投资治理沙漠的信心。1997年，日方又投资1600万日元在林场营造“宁夏—岛根友好林”225亩。

“中日沙漠化农用林实验模式研究”项目的成功实施，推动了林场的发展步伐，林场也走出了国际合作之路。近年来，林场先后实施了全国林木种子基地建设项目，中日治沙研究项目，小渊基金——中日友谊林项目，“宁夏—岛根友好林”、日本国政府无偿援助黄河中游流域宁夏防护林以及自然保护区建设项目等，为我国林业的对外合作与交流提供了可资借鉴的经验。

随着一批国内和国外援助林业科研项目先后落户白芨滩，每一个项目实施时都有一定的资金投入，但后期管理没有资金投入，很多人认为“有多少钱干多少事”，王有德却说：“我们现在代表的不仅仅是白芨滩防沙林场，也不是一个灵武市，而是整个中国。这些项目不只是我们林场的面子问题，也关系到国家的形象，而且是在为我们积累经验，我们必须干好。”

为了走科学治沙之路，王有德常年坚持“充电”，阅读了大量林业专业书籍，丰富的科学知识和实践经验，让王有德成为全国科学治沙的探路人、白芨滩国家级自然保护区唯一一个林业高级工程师。

宁夏已成为全球防治荒漠化、进行生态建设的一面旗帜，

灵武白芨滩国家级自然保护区建设的防护林

联合国环境规划署要求宁夏总结防沙治沙与开发沙产业的成功经验，并通过完善该署2010年绿色经济报告中“沙漠化防治成本效益”这一章节，把宁夏的治沙经验向全世界推广，为宁夏树起世界治沙的旗帜。

“不要以为扛着一把锹就可以治沙了，新时代的治沙人必须具备科学技术知识。”这是王有德大会小会都要讲的话题。对林场职工的学习，他也抓得很紧。从1990年开始，他每年都办冬闲学习班，请中国林业科学研究院的专家和场里的技术骨干为职工们讲课，传授节水灌溉、林木繁殖等专业知识，专业技术培训成为职工年终考核的一项重要指标。经过多年学习培训，全场职工专业水平和实践水平普遍提高，人人都成为能够独当一面的技术能手。林场防风治沙取得了长足进步，科研成果染绿了寸草不生的毛乌素。

赔本彰显大境界

因为经常跟职工们开玩笑、抬杠，没有官架子，王有德和职工们打成了一片，因此，职工们都和王有德很亲密，自然他也就有了绰号。在白芨滩防沙林场，王有德除了“王大鼻子”这个绰号外，他还有个“老猴子”的绰号。“老猴子”是精明的意思。

用林场职工的话说：“他比猴子还精，没什么能瞒过他那双火眼金睛,看事一眼就看到本质了,看人一眼就看到骨头里了。"

然而，就是这么精明的一个人，却经常会做一些赔本的买卖。

1999年入冬时节，灵武市政府将灵州大道及环城的9公里绿化任务交给了林场。当时，有人提醒王有德，市政府财政紧张，200万元工程款不知要拖到猴年马月，林场资金不宽裕，还是想办法推掉算了。王有德马上批评说："我们就是种树的，哪儿需要就往哪儿种，作为林业建设者，多栽树不是啥吃亏的事。"善于啃硬骨头的白芨滩人在王有德的带领下，给灵武人民交上了一份满意的答卷，他们在灵州大道两侧种植的侧柏、樟子松成活率达95%。

在利益与事业的天平上，王有德的重心始终向植树造林治沙绿化大业倾斜。

银川河东机场就在灵武市境内，这个区域植被稀少，自然环境恶劣，机场建成好几年了，但机场周围荒漠化的环境依旧，大风一起，沙尘漫天，作为宁夏对外窗口之一的银川河东机场深受其害，存在飞行安全隐患，也极大地影响了宁夏的对外形象。2003年，灵武市政府把河东机场大环境绿化工程交给林场完成。要把这里绿化好，困难很多。当时，荒坡上环境恶劣，既不通水又不通电。王有德带领职工在荒原上安营扎寨，修扬水泵站，埋引水管道，架输电线路，挖蓄水池塘，苦干700多天，先后整地2万亩，栽植樟子松、侧柏、枣树、花灌木等250万株，荒山造林2.6万亩，栽植柠条、紫穗槐、沙冬青等沙生灌木180余万株，仅用两年时间就形成了针阔混交、乔灌草结合、林草搭配的绿化格局，有效地遏制了土地沙化，改善了机场周边生态环境。特别值得一提的是，这么大的绿化工程，是在国家尚没有投入的情况下进行的。除了利用日元贷款外，有600万元建设资金是场里自筹的，其中大部分是场里多年积累的资金。但是，他擦亮了宁夏对外开放的一扇窗，放眼望去，林木成行，一片青翠，蔚为壮观，每一位坐飞机到宁夏的客人都不会想到这里是被沙漠围困的毛乌素沙漠边缘地带。

2002年，宁夏锁定了延长煤炭产业链条、实现资源优势向经济优势转化的方向，主战场圈定在具有整装煤田集中、黄河取水便捷、不占用耕地、交通顺畅等组合优势的宁东。根据国家发改委的规划，宁东能源化工基地作为宁夏的“一号工程”，要建成全国一流的能源化工基地。

2011年3月，雁脂山面积4000亩绿化工程交给了白芨滩防沙林场。这是连接灵武市与宁夏“一号工程”宁东能源化工基地的绿色生命线，然而，也是一块难啃的骨头，先后有4家单位承揽过这里的绿化任务，都以失败告终。这又将是一个蚀本的工程，知道职工们有看法，但王有德丝毫不推辞。工程一开工，王有德同时开展的还有7项绿化工程和13项常规治沙造林工程，王有德对职工们说：“宁可掉下10斤肉，不让工程落了后。宁东现在是宁夏的窗口，全国关注的焦点，这个工程代表着我们白芨滩人的形象，要栽一片、绿一片，绿一片、美一片。”劳动间歇，王有德想着要和职工们好好唠唠，因为他知道这次肯定还是要花大本钱的，就问职工们这次咋没意见了？职工们说：“日子富裕了，该奉献的时候要奉献，全区的‘一号工程’，大家都在作贡献，我们不能落后，跟着劳模我们的境界也提升了。”职工们能有这样的觉悟和思想境界，王有德非常感动，事实上这一次他们花的本钱大，下的决心比本钱更大。

作为党员领导干部，要为党为国分忧，像这样的工程，王有德带着白芨滩人已经干过不少了，而且他们还将干下去……

承揽绿化工程，既被王有德看成是多种经营的渠道，更被他看成是扩大绿化成果的战场。

市场经济有赔本赚吆喝的说法，王有德赔本做了这么多工程，连吆喝都不赚。职工们不解，说：“别人要是做了这么多奉献的工程，不知怎么说一番呢。”王有德说：“植树造林是我们的职责，更是我们的义务，有什么可吆喝的。”

“不积跬步，无以至千里；不积小流，无以成江海。”王有德的绿化工程干出了大气概、大境界，凡是宁夏大工程的绿化项目，优先考虑的是白芨滩防沙林场的绿化公司，因为“治沙英雄”搞绿化令人放心，且其经手的绿化工程全是优质工程。

依法治沙

重建设更要重保护，坚持防治并举的原则，高压严管，巩固防沙治沙成果，是王有德狠抓的另一个重点。“注重抓好护林员队伍建设管理，近年来，每年根据林区需要，采取配备护林车辆、修缮护林房、完善水电设施等多种激励措施，增强护林员爱岗敬业的责任心和使命感。”王有德说。

林场共建立了 8 个管理站，修建了 13 个护林站点，发展护林员 60 名，配备巡护摩托 52 辆，建立起了森林公安分局（林政科）—管理站分管领导—护林员三级管护体系，林木管护由粗放式向精细化、标准化转变，全部实行目标责任制管理。

针对不同时期涉林违法活动的特点，开展了“绿盾”“蓝剑”“打非治违”“天网”“禁牧封育”“风暴”“遗留问题专项治理”等一系列专项行动，对乱采砂石料、一地双证多证、乱推乱占等突出问题进行了全面排查和集中整治，特别是根据国土卫片核查、环境保护大检查及中央环保督导工作要求，针对保护区采砂采石突出问题，开展了“非煤矿山整治——拔根”攻坚行动，从根本上解决了乱挖石料等历史遗留问题，并积极开展生态修复，巩固了防沙治沙成果，维护了生态系统的稳定。

作为人大代表，王有德在2003—2008年担任第十届全国人大代表期间，每年都会提出2—3条有关防沙治沙和环境治理的建议。

2003年，为了巩固治沙成果，他提出的对沙源地林区、天然草原实施禁牧的建议当年就在宁夏全境得以实施，植被在几年内得到迅速恢复，在全国引发了广泛的影响。

2005年，针对林牧、林薪矛盾，他提出在禁牧的同时，解决沙区群众生活能源和圈养牲畜问题的建议，为破解生态建设与人民生活改善之间的矛盾积极寻找办法。

2007年，在思考总结前期防沙治沙工作经验的基础上，他又提出把宁夏建成国家防沙治沙示范区，以解决当地作为经济欠发达地区的相关问题，获得国家项目和资金上的支持，加快了荒漠化防治步伐。

2008年，国务院正式批准宁夏建设全国唯一的省级防沙治沙综合示范区。

…………

作为连续几届的宁夏回族自治区人大代表，王有德是《宁夏回族自治区防沙治沙条例》《宁夏回族自治区禁牧封育条例》等地方法规的积极支持者和推动者。“自治区人大对防沙治沙非常重视，通过的《宁夏回族自治区防沙治沙条例》《宁夏回族自治区禁牧封育条例》从制度上为防沙治沙提供了保障。”王有德说。

2019年，针对自然保护区边界存在的问题，在中央第二环保督察组的督察下，宁夏回族自治区发改委对白芨滩国家级自然保护区边界线进行重新划定，自然保护区土地面积扩大了1803亩，退出企业由21家增至42家。

厚德载物

◎爱树如人

◎安居乐业

◎爱人如树

◎劳模是一种精神

土地荒漠化是人类共同关注的生存难题，荒漠化土地已占宁夏土地总面积的50%以上，危及三分之二人口的生存空间，治理之路依然艰辛漫长。“轻霜冻死单根草，狂风难毁万亩林。”保护人类共同的家园，让荒漠被绿荫覆盖，需要一代又一代人的无私奉献。治沙不是一朝一夕之功，是千秋万代的事业，必须组建起一支植树造林的大军。

王有德说：“要后继有林，必然需后继有人！”

在治沙大业上，王有德有着人定胜天的坚定信念，但，人定胜天，决定成败的因素在人。30多年来，为了培养一支防风固沙、植树造林大军，王有德倾注了一腔热血。他不仅呵护着白芨滩防沙林场的那些树木，也呵护着林场每一个人，爱人如树。王有德以身作则，身先士卒，与职工们同甘共苦、同呼吸共命运，用自己的言行影响着白芨滩人，成为白芨滩人的一面精神旗帜。作为场长，他严格遵循自己制定的“五好”（带好一个领导班子、带好一支职工队伍、选好一条致富道路、制定一个好的管理制度、有一套好的经营办法）原则，建立起系统的以人为本的现代企业管理理念，以关注民生，促进防沙治沙，认真落实、践行党的重要理论思想和指导方针，坚持以人为本，想职工之所想，急职工之所急，切实关心职工生产生活中的实际困难，解除职工的后顾之忧，让全体职工共享治沙事业的成果，从而使职工扎根沙区，安居乐业，推动治沙事业取得更大的发展。

不可否认，白芨滩防沙林场这支治沙大军在王有德的带领下已经成长为一支铁军，这支队伍从最初 159 人中有三分之二想要调走，到现在，队伍发展到 476 人，充分体现了王有德的管理魅力。

爱树如人

在沙漠里，所有的生命都被王有德崇敬与尊重。

跟着王有德进沙漠，他会不断地重复一句话：“小心脚下，别踩着苗，它们长起来不容易啊。”

茫茫沙漠中活一棵树不是一件容易的事，王有德深有体会，他很形象地说：“养个娃娃容易，在沙漠里种棵树难。”头一天挑好的树沟，一夜之间被风沙填平了；前一天刚种好的树，第二天被风吹得东倒西歪；刚刚开垦出来的田地，千辛万苦栽好的树苗，一场风就被埋葬得了无痕迹……白芨滩防沙林场经历了多少场风，没有人能说得清楚，王有德和职工们不止一次流过泪，怨过天；然而，流过泪后，有怨无悔，从头再来。沟被埋了，再挑出来；树苗被毁了，重新把苗补上；田被掩埋了，重新开出来。风沙不断埋，他们就不停地补栽，不停地平整……

王有德和林场职工一起栽种树苗

拉锯，抗衡，争夺，日复一日，月复一月，年复一年，这是一场旷日持久的拉锯战，培养了王有德对树的特殊感情，对树产生了一种难以割舍的情怀，树的根须已经扎入他的脑海、心中……

走在沙漠中，王有德会随时蹲下去，双手刨开沙土。长年累月，他一次次用那双长满老茧的手刨开沙土，看苗根扎好了没有。长年累月，他的指甲缝里钻满了抠不出、洗不净的陈年旧土，鞋袜里、衣衫上是抖不尽的沙子。他带回家来的只有一样东西，那就是沙子，地上的沙子，床上的沙子，洗衣机里的沙子。王有德的妻子说："人家都给老婆带金银首饰、衣服、化妆品，你倒好，给我带回来的尽是沙子。你把沙漠绿化了，却把家里给'沙化'了。"王有德嘿嘿一笑，很幽默地说："沙漠欺负了我们那么些年，侵占我们的家园，吞没我们的土地，逼得我们没吃没喝，现在我正欺负沙漠哩！帮你出口气，不比几件首饰有意义，你还不高兴？"

有时候你会见到王有德扶着一棵树在那里自言自语。有一回，一位记者问他："在跟树苗说什么？"他嘿嘿一笑说："我跟它们说，如果苗子起得不够鲜、坑挖得不够深、水浇得不够多、肥上得不适合，你们跟我说，我收拾他们！"

王有德深有感触地说："人可以把自己的需求表达出来，而树不会说话。树渴了喊不出来，病了哭不出来，这需要人去观察、体会。你关心了，树才会长得好。"

2009年3月的一个深夜，已经熟睡的吴敬忠被一阵急促的电话铃声惊醒。王有德说来了几车苗子，得抓紧组织人栽。吴敬忠翻起身就出门组织人去了。树苗不隔夜，在白芨滩防沙林场，晚上栽树是经常性的，树苗来得不管多晚，为了保证树苗的成活率，树苗一到必须立刻种植。如果放到第二天再种，树苗成活率就会降低，造成重大损失，这是王有德总结出来的经验。

等吴敬忠和职工们赶到的时候，王有德已经在那里栽上了。5车树苗，王有德和职工们一直栽到天亮，直到灌完水，又直接回到单位上班去了。别人栽完树第二天可以补觉，而王有德还得处理日常事务。但是，应该他栽的树，他会一棵不少地栽进沙坑中。

只要是白芨滩防沙林场栽的树，王有德都记得清清楚楚。姚叶高速公路等公路绿化工程交工后，他经常挤时间查看苗木生长情况，每到防虫季节就打电话提醒对方。那年5月初，王有德经过姚叶高速公路，看到绿化带的树叶有些发蔫，就下车查看，发现树病虫害已经很严重了，立即抽调林场20多名职工携带器械药品赶赴现场喷药杀虫，避免了一次大的灾害。这次免费治病，仅药费林场就贴进去2000多元。2002年，王有德参加自治区第九次党代会期间，林区1万亩苗木发生病虫害，他的第一反应是不能危及古王高速公路绿化带。他赶回林场后做的第一件事，就是组织职工在古王高速公路两侧各喷洒了一道宽300米、长6公里的农药隔离带，随后又带领职工赶到林区杀虫灭害。这样的事每年都会发生几次，只要他干下的工程，那就是他终生的牵挂。

正是由于对树的爱，王有德把自己变成了治沙专家，练就了一身绝活。只要走进沙漠，他就知道今天会有几级风。他就像一棵树，对气候是那样的敏感。毛乌素沙漠中所有生长着的东西，他没有不认识的。土壤的盐碱度是多少，可以种什么样的树，他用舌头一尝就知道；抓一把沙土用舌尖舔一舔，他便知道土壤类型，适合栽什么树；摸一摸植物枝叶，再仔细观察，他就能判断出树木得的是什么病，如何防治；在治沙现场转一圈便能发现施工上的不足，立即示范纠正；围着树转一转、嗅一嗅，他就知道肥上得足不足。高分子吸水剂、固体水、根部蘸浆、钻孔深栽、草方格等技术，都被他广泛地运用到植树造林中。

对于妻子、儿子，甚至是自己的生日，王有德一个也没记下，然而，带着职工们干的每个绿化工程，在毛乌素沙漠种下的每片树林，每种树木什么时候防治病虫，什么时候施肥浇水，一片柠条林里有多少棵超过20年的针叶树，他记得很清楚。

在王有德的笔记本上，写着这样一段话："有些人不理解我的这种感情，他们奇怪人和沙漠能有什么感情？可是我只要看到一棵树、一棵苗，我就觉得治沙的决心还大得不得了。一听到每年造林工程还要推进，我这个老头子就兴奋得不得了……"

安居乐业

自1985年走进白芨滩防沙林场，在最初的岁月里，王有德真是度日如年。寒冷的冬日、酷热的盛夏，每遇刮大风、下雪下雨，王有德都会心里不安。

住房难、入学难、看病难，这“三难”困扰着林场的职工。人心思走，一盘散沙，解决“三难”就显得更为迫切。

王有德说：“关心群众不能挂在嘴上、贴到墙上，要扑下身子帮助群众谋利益。不仅要用感情留人，而且要用事业留人、待遇留人。”

1987年，为了改善职工住宿条件，使他们搬离那些低矮破旧的土坯房，在林场没有多少钱的情况下，王有德四处筹款在县城征地建房，不惜动用自己的私交，甚至拿自己亲戚朋友的房子抵押贷款。有人说楼完全可以迟几年再建，可是王有德每走进职工家庭一回，心里就难受一次，就会遭受一次折磨。

有些人想不通，说：“你这么做值得吗？”

王有德说：“值得，很值得。”

很多人都记得那些个日日夜夜，因为没有钱，所有的建材都是王有德带领职工们拉来的。

简易住宅楼建成了，有位干部私下试探王有德，问能不能给他分一套，王有德断然拒绝：“老工人在山上苦了一辈子，我们这些当干部的凭什么与他们争？”

这幢楼的所有住房全部分给了老职工和一线职工。

为改善一线职工的生产生活条件，王有德多方筹集资金，6个分场管理站都铺上了柏油路，架设了输电线路，职工们喝上了自来水、看上了电视。他们还在灵武城区建起了花园式的职工新村，将一些长期工作在沙区的老职工搬进了城里；对沙区职工实行住宅私建公助补贴政策，职工自己承担40%，场里补贴60%，先后建起了245套房屋和小别墅，318名职工告别了几十年租借房屋和住土坯房的历史。职工吃苦咸水、住土坯房、没有电、看病难、儿孙上学难等困难宣告终结。

各分场管理站也都建起了家属楼。在大泉分场、马鞍山分场管理站，一排排二层别墅掩映在绿树鲜花之中，与树林中间的日光温棚、养殖园区构成了一道田园风光。这是林场职工的别墅区，屋内装修时尚典雅，电视电话、上下水管道、太阳能供热等一应俱全。他们只需花3万元，就能住上小别墅。有人对此说三道四，王有德豁达地说：“你来治沙，我给你一套。”

一位网友在游览了白芨滩防沙林场大泉分场之后，写下这样一段游记：

在这，有着城市里所有的，也有着城市里所没有的。美不胜收的人工湖让你能体会到天与地、人与自然的无限美；别出心裁的花园、精心设计的亭子、蜿蜒的砂石小路、沙漠小丘上形态各异的砂岩、沙漠中的游泳池等绝对让你流连忘返；一幢幢美丽的别墅，给人留下了太多的向往；走进林中，感受鸟语花香，空气中弥漫着的果实醇香不禁让人陶醉；在沙漠小丘野炊更是让人乐不思蜀。漫步其中，能切实体会到人与自然的亲近，融入自然去享受大自然的美，这里会给你所想要的，给你意想不到的乐趣！

原国家林业局局长贾治邦到白芨滩防沙林场大泉分场考察后感慨地说："阳光、树林、小洋楼，这么美，白芨滩林业职工的生活好啊！"

随着多种经营方式的快速高效发展，林场自身有了"造血"功能。为了让职工没有后顾之忧，场里全方位搭建致富平台，反哺辛苦治沙的职工。林场建设了高标准温棚承包给职工，培育期只象征性收缴一点温棚作物。职工承包的果园、饲养的奶牛赚不到钱，王有德连续8年补贴，直到市场形势好转，这样职工可从林副产品中获得丰利。

王有德并不是承包了就撒手不管，他关心着每一个职工的事业发展。1989年，林场改革车辆管理，将旧车拍卖给了本场司机，3年后车归承包人，实行"以车养车、以车养人、保本交利、独立经营”，并规定在以本场生产经营为主的情况下，还可以参加社会运输经营，结束了车辆经营管理“大锅饭”的问题，既杜绝了林场集体负担车辆燃修费，又为林场提供了资金来源和回收渠道。1990年后，林场不再购买车辆，规定今后凡是职工个人想经营车辆运输业，场里可以借给其购车资金。职工尝到了车辆承包经营的甜头，朱刚、韩贤、梁峰、郭万福等人先后借款买车，除了完成场里拉运砖、空心板、苗木等运输任务外，自行找市场、找活路，运输业搞得红红火火，既减轻了就业压力，又增加了职工收入。职工靠承包车辆赚了钱，许多职工说：“我们的钱是场长帮我们挣的，不是他给我们出谋划策联系活，挣钱难着哩！”1990年车辆招标承包时，一辆东风带挂卡车的标底是5.9万元，竞标职工最高报价只有4万元。不能让林场受损失，王有德找到司机韩富说：“亏了我们两个人摊，挣了全归你。”韩富接受了标底价。在王有德的帮助下，韩富最多时一天一夜收入1000元左右。如今，韩富不但还清了车辆欠款，还加入灵武汽车客运公司，承包灵武至吴忠客运线路，三年收入达20余万元，在灵武城区买了两套楼房。

王有德说：“职工富了，这才真正体现了治沙的价值所在，治沙不受穷，受穷是懒虫。现在作为白芨滩防沙林场职工，如果你还生活得捉襟见肘，那就是你自己的问题。”

随着林场经济实力的增强，王有德每年筹措200多万元资金给全场职工缴纳养老保险、医疗保险、工伤保险和住房公积金。当看到职工子女上学难时，王有德感到林业要发展没有知识不行，没有人才更不行。他推行奖学金政策，只要是职工子女，从小学到大学全部享受补贴政策，即小学生每年每人补助600元，初中生每年每人补助700元，高中生每年每人补助800元，专科生每年每人补助900元，大学生每年每人补助1000元，仅此一项每年就投入10多万元。林场还购置了3辆考斯特客车，用来接送进城读书的林场子弟。40多年以前，林场没有一名大学生，近10年来考上大学的就有60多人，有30多人回场工作。这些人已经成为新时代的治沙工人，正成长为林业发展的中坚力量。

在每次选举中，王有德都是全票通过，因为职工跟着他干得到了实惠、获得了幸福。多年的发展实践使王有德认识到，只有尊重劳动、尊重知识、尊重人才，才能创造财富、创造幸福，才能激发干事创业的动力与活力，才能赢得组织的肯定和人民群众的信任。

每年的四个重大节日，场里都拿出近百万元资金给职工办实事，稳定了职工队伍，增强了职工的凝聚力和向心力；场党委坚持开展“五帮扶济困”活动，要求每两名党员培养一名入党积极分子，帮扶一户贫困户，联系一位长期病号和一位孤寡老人，做好一个后进青年的教育转化工作，为他们办一件实事。场里把切实加强党和人民群众的血肉联系、为职工排忧解难作为衡量党员干部思想道德准则的一个重要方面，并纳入年终考核范畴，取得了非常好的效果。

白芨滩防沙林场的职工，没有后顾之忧。

爱人如树

因为枯燥、寂寞、辛苦，治沙是项缺人手的事业。戈壁沙洲，茫茫苍苍，无边无垠，狂风卷着黄沙，长年累月地咆哮肆虐，不是一代人、两代人、三代人的事业。王有德说：“人都留不住，还谈什么治沙。”为留住人，王有德倾注了一腔热血。

王有德琢磨出了“98 字”育人方针：

思想教育引导人，智力投资培育人；
感情注入关心人，率先垂范带动人；
形式多样激励人，联系群众团结人；
扶贫帮困拉动人，政策扶持快富人；
各尽其才善用人，优化组合选拔人；
建立制度管住人，年终考评帮助人；
依法治林守法人，事业辉煌在于人。

1989 年，王才和王兴东二人从宁夏农校毕业，分配到白芨滩防沙林场。林场艰苦的生活工作条件让他俩的心都凉透了，自己是干部却干的是体力活，当时根本没心思待下去。

可是苦于一时无法调走，两人就当一天和尚撞一天钟地混了起来。在工地，职工们拉土坯，干得热火朝天，王才却在一旁看小说。王有德就批评王才说："在工地不能看小说，要和工人一起干活。"王才不服气，当即顶了一句："我是大学生，不是来吃大苦受大累的。"王有德并不生气，他能理解年轻人的心高气傲。晚上他把王才和王兴东叫到办公室里谈心，给两人讲故事，说自己晚上做了个梦，手中突然落了两只很稀罕的小鸟，他十分珍爱，哪只都不想放走，可两只小鸟却都想飞走。两人明白王有德的用意，并被深深感动。王有德说："你看，你俩都是学林业的，要是到别的单位去肯定就把专业给荒废了。你们都是有文化的人，心胸一定得放宽些，目光也应该看得长远些，林业是造福子孙后代的事。现在吃点儿苦，将来肯定会成就一番事业的。"之后，只要有机会，不管是在工地，还是在食堂、办公室，王有德抽空就跟他们谈心，苦口婆心地给他俩讲道理。看着王有德与职工们一样干活，听着王有德诚恳的话语，王才和王兴东两人终于架不住了，渐渐地，开始帮着职工们推码好土坯的车，干了几天后，竟也推起车运送起土坯来。一干起活来，王才和王兴东不只体味到了劳动的快乐，更体味到白芨滩这个大家庭的温暖。工人师傅对他俩也热情多了，家里有啥好吃的都想着给他俩带点儿。就这样，王才和王兴东融入这个集体当中，很快成为场里的壮劳力。

在工作间隙，王有德和林场职工一起坐在山坡上休息

王有德也有意培养这两个有技术的年轻人。从 1992 年开发大泉分场开始，王有德将大泉开发项目的测量、预算等重要任务交给了王才，将大泉开发项目的平田整地等重要生产任务交给了王兴东，给他们压担子，使他们的专业技术得以充分发挥，也锻炼了他俩的工作能力。如今，两人都成为林场的骨干力量，都能独当一面。

当他们回忆起在林场的经历时，感触颇深地说："王场长这个人真是又像父亲，又像兄长，他做什么事都是从人这个角度考虑的。他做起思想工作来，那真是说到人心里去了。"

1985年，王有德到白芨滩防沙林场上任。为了迎接这位新任副场长，场里派出了一辆三轮摩托车来接他，这在林场已经是很高的待遇了。有一天，到马家滩买油，开车的人姓吴。当车行驶了还不到一半路程时，拖拉机熄火了。吴某望着渐渐黑下来的天，说："场长，车坏了，咋办？"王有德不露声色，说："你下去看看坏哪儿了。"吴某拉开车门下了车，围着车悠悠地转。只见王有德从自己的座位上挪到驾驶位上，发车、挂挡，熟练地将车开走了，留下吴某呆呆地站在路边——傻了。后来，王有德才知道，在吴某准备去接王有德时，有人告诉吴某，王有德不是个"善茬子"，只要有他在，以后就没有大家的舒服日子过。于是，他们商量要给王有德一个"下马威"。不料弄巧成拙，吴某在车上做的手脚全被王有德看得一清二楚，更令吴某没有想到的是，王有德在开车方面是个老手。倒是王有德不计前嫌，之后经常主动坐吴某的车，并且和吴某成了好朋友。有一回，说起这事，吴某说："在你上任前，林场已经是一个烂摊了，人心思走，没有人相信一个林业局的会计能给大家带来多大的希望。还有一些人甚至认为，王有德就是来弄待遇的'绿水官'，一来肯定要烧三把火，以前那种干半年睡半年的好日子再没有了，从心里对你的到来十分抵触。”吴某问王有德那时为啥不收拾他？王有德说：“知道大家不易，有情绪，可以理解。”

王有德总说：“领导只有把职工的事当成自己的事来办，职工才会把林场的事看成自己的事来干。”他是这样说的，也是这样做的。

职工包某曾患精神疾病，一发病就提刀胁迫妻子、儿女拿上铁锹、长矛和剪刀等物，跟着他到处乱闯乱骂，王有德派人将他送到西安治疗。1987年底，王有德专程到西安看望已接受治疗半年多的包某。包某特别高兴，告诉王有德他特别想家，大夫也同意让他回家慢慢调理。王有德把包某带到街上理发，问他想吃啥，包某说想吃肉包子。王有德进了一家小店，给包某买了包子，又给了包某20多元钱，让其给子女买衣服，并跟他开玩笑说：“你的牙也得刷一刷，路上还要跟我用一个杯子喝水呢。”包某舒心地笑了。此后，每过一段时间，王有德就询问他有什么困难，及时为其报销医疗费用，没有煤烧就派人给他送一车。包某的病从此再未复发。

白芨滩人说起王有德皆感念不已。职工及其家属生病，他总会带着礼品前去探望，每次都不忘自掏腰包捐助患者。2010年1月25日，一线职工郭术强14岁的女儿突发病毒性脑膜炎，却因家境窘迫而犯难。王有德闻讯赶到医院，对郭术强说：“天大的事单位顶着！”临走时还留下身上仅有的400多元钱。第二天，王有德又带着职工们捐献的5000多元钱来到医院，并先后为其协调解决了 1 万多元借款，还多次抽空专程到医院探望。昏迷了整整 12 天的小姑娘终于醒了。女儿痊愈后，郭术强借了 1000 元钱准备感谢王有德，但他知道王有德从不收礼，就来到当地电视台，想通过媒体感谢王有德。王有德知道后严厉地批评了郭术强，说："在你心目中我是那样的人吗？"说得郭术强脸红了，就说："场长，这辈子就是苦死，我也跟定你了。"

王有德说："一个人，就像一棵树，你得浇水、施肥、修剪、护理，否则会枯死。"在白芨滩防沙林场许多职工眼里，王有德既像严父又像兄长。白芨滩人说："王场长做事仗义，大有大德，名字里带着哩。"

春风化雨，润物无声。对于一些犯了错误的人，王有德采取的是惩前毖后、治病救人的方式。大泉分场年仅 20 岁的职工张某因盗窃罪被判刑 5 年。当时，张某的父亲双目失明，母亲身体不佳。儿子入狱后，绝望的老人从永宁县赶到林场，一见王有德就泣不成声。其实，此时的王有德心里比他们还着急，他一边安慰张某的父母，一边盘算着怎么处理这件事。最后，王有德按法律程序把张某保释出来。可全场的职工没有不担心的，万一张某再干上一桩坏事，王场长岂不跟着栽跟头？"人心都是肉长的，我不信他变不好。"王有德多次找张某谈心，鼓励他洗心革面、重新做人。王有德一次次耐心细致地做思想工作，终于使张某醒悟了。他干工作一丝不苟，对父母关心入微，跟以前比好像换了个人。他先后承包经营了50多亩果园，结婚、生子，过上了好日子。张某因工作出色还被场里评为先进工作者。说起往事，张某非常激动："如果不是王场长，我就要坐5年牢，真不知道出来会是个啥样子！"

2000年，大泉分场一位副场长承包苹果树苗种植任务，上报成活率85%，领取了1000元奖金和其他工程款项。但在补栽时，细心的王有德从其准备报销的补植苗木发票中发现了漏洞。经查，成活率仅70%。王有德马上作出决定：奖金尽数收回，个人出钱补栽谎报成活的苗木。

白芨滩分场原作业队长李某是一个老职工的儿子，2000年，李某私自把240多棵枣树苗、10多瓶农药送人，还给运水车辆司机出假证明，被处以1万元罚款。但是，当有一天，王有德看到落魄的李某生活困难时，他掏出身上的200元钱，又开始为他发家致富谋划出路。

劳模是一种精神

劳模、英雄……荣誉纷至沓来，人们称他王劳模、王英雄……面对荣誉，王有德很淡然，在问及对劳模的理解时，王有德总是笑着说："全国劳模是一种荣誉，更是一种精神，它属于白芨滩防沙林场全体职工，我只是其中的代表，白芨滩防沙林场每个职工都是劳模，劳模精神其实就是白芨滩精神。”而职工们的回答则是：“这劳模是他苦来的。”

“喊破嗓子，不如做出样子。”这是王有德的管理艺术。

1992年9月18日，灵武县政府将大泉乡东边8700亩沙荒地划拨给白芨滩防沙林场，要求到年底初步开发1000亩。10月2日，正值国庆节假日休息，王有德和他的同事们在制订出了开发方案后，就带领全场职工开上山来。大泉分场开发工程在沙漠深处展开，王有德每天与职工们在看不到半点绿色、听不到鸟鸣的沙漠中奋战。作为工程总指挥，他完全可以动嘴不动手。职工每人每天定额挖掘25米沙渠，可连续10多天，王有德一天不落，一米不少。建工房时，一个技工搭配两个小工，他和另一名职工拉砖运水泥，钉是钉铆是铆地干到工房建成。夜晚，湿漉漉的工房阴湿寒冷，他们和衣睡到半夜就被冻醒，然后点火熬夜。荒滩、星空静静地看着这一切，默默地见证了这个时时事事为职工做榜样的中国共产党党员的言行。其间，王有德完全可以坐车回家，但他从不给自己搞特殊，在这里连续住了3个月，与工人们在荒漠中铺设道路7900米、建房40间，完成主渠道工程1050米、砌护毛渠3670米、开发土地1040亩、定植果树2万株。

11月的一天下午，正是灌冬水的关键时刻，王有德正在巡渠，突然主干渠决口，沙土瞬间被冲开了40多米长的一个大口子。他一边喊人，一边挟着麦柴跳进齐腰深带着冰碴的水中。职工们跟着他纷纷跳入水中，用身体挡住了水流，将决口堵住。王有德本来就患有关节炎，刺骨的渠水使他双腿一会儿就麻木了，他倒在水里，站起来，倒在水里，又站起来……职工们轮换下水，也劝他上去，可他就是一声不吭，硬是在水中坚持了 2 个多小时。决口终于被堵住了，他又赶往 40 公里外的场部，装了一车黏土，又吃力地将几十根 100 多公斤重的水泥管装上车，返回出事地点。当他和职工们一起把水渠砌好时，已是第二天上午 8 点了。之后，他又坚持连续 7 个昼夜巡渠，脚肿得鞋都穿不上。累得实在扛不住时，他才靠在渠边躺一会儿。冬水全部按时灌完后，他因伤病被迫住进了医院。

直到今天，林场的职工谈及这些事时，仍深有感触地说："王场长把工作看得比自己的生命还重要。我们苦，场长更苦；只要王场长在，再大的苦我们也能承受。"

1994 年冬，灵武矿务局扩建煤矿，王有德抓住这个机会，决定对灵武矿区公路两侧沙漠进行重点治理。整整一个冬天，他和职工们吃在沙区，睡在沙坑，奋战在沙海中，冒着零下十几度的严寒，扎草方格 69 万平方米，播撒草籽，栽植柠条、花棒、沙柳等耐旱植物，硬是将移动的沙丘牢牢固定了下来。第二年开春，以往寸草不生的沙丘到处一片翠绿。

30 多个春秋，白芨滩防沙林场的职工没有双休日，更没有节假日，每天早上 6 点多进山干活，晚上 9 点多才收工回家，一年四季不得闲。家里有事实在脱不开身，即使是双休日、节假日也不会请假。但是白芨滩人从不叫苦，没有一个人抱怨王有德，人人心中都言苦，却没一个人说出口，因为他们心中都有一杆秤——他们的带头人比他们更苦。

这就是春风化雨的影响力，王有德就是通过自己的苦干感召和鼓舞着白芨滩人。凭着这股子坚忍不拔的毅力，他不仅植下了片片绿色，更是时刻以共产党人的模范带头作用，以自己的实际行动带动和教育了一批人，在白芨滩建树起一种埋头苦干、无私奉献的崇高精神，弘扬了一种艰苦奋斗、勤业敬业的高尚品格。

“白芨滩的今天，是王有德带领职工用汗水就着沙漠苦出来的！”

“现在哪还有他那样当官的，苦得像个‘土老帽儿’。”

“领导干部要是都能像王有德那样，哪还有干不好的事！”

有人这样评价王有德：“爱林如命，治沙如虎，视绿如子。”

2007 年，全国绿化委员会、人事部、国家林业局联合发出通知，授予宁夏灵武白芨滩国家级自然保护区管理局局长兼白芨滩防沙林场场长王有德全国“治沙英雄”荣誉称号，并号召全国防沙治沙战线的广大干部职工向王有德同志学习，学习他不畏艰难、自力更生、艰苦奋斗的拼搏精神；学习他求真务实、与时俱进、勇于开拓的创新精神；学习他牢记宗旨、心系群众、执政为民的公仆精神；学习他不为名利、清正廉洁、无怨无悔的奉献精神。

白芨滩防沙林场的职工们一点儿都不惊讶，他们说：“王场长在我们心里早就是英雄了，有他在，我们面对沙漠不胆怯，面对荒山有斗志，面对明天有信心。”

英雄总有过人之处。王有德的过人之处，就在于几十年如一日，知难而进，不断探索，亲力亲为，坚持治沙不止，表现出一股少有的韧劲。白芨滩人这样说：“在治沙上他没有攻不下的‘山头’，没有拿不下的‘碉堡’，没有占领不了的‘阵地’。”

当记者问王有德对“治沙英雄”一词的理解时，王有德说：“我感觉国家给我这么高的荣誉，压力很大。因为战争年代，由于外国侵略我们的国家，占领我们的国土，为了保家卫国，保卫我们的领土完整，人牺牲了，才能成为英雄。那么现在沙漠侵害着我们的家园，谁来保卫这个家园，我们几十年如一日与沙漠抗争，植树造林，改善生态环境，保卫国土，保卫家园，后来才真正理解国家下这个定义的意义。”

经过数百年的西进，入侵灵武的毛乌素沙漠流沙已越过东干渠。10 多年前，黄河东岸灵武一侧的万顷良田面临灭顶之灾，流沙离黄河岸边只有七八公里。而今，毛乌素沙漠流沙竟向东后退了整整 20 公里！

这是英雄的创举！

没有经历过的人不知道治沙的苦。盛夏的毛乌素可以烤熟土豆和鸡蛋，倘若你乘车而来，车顶烫得可以烙鸡蛋饼。

这一点儿也不奇怪，因为在盛夏，沙漠的表面温度达60度以上。每天头上烈日炙烤、脚下沙地蒸腾，人人烤得像黑包公，嘴上动不动就起泡。在沙窝里挖个坑，白天就着玉米面干馍馍，晚上睡在坑里，风沙无孔不入，眼里、嘴里、耳朵里全是沙子……英雄就是这样炼成的。

有人说王有德是铁人，他真是铁人吗？他那最富特征的大鼻子是常年与沙漠斗争的结果，他的一双手因常年栽树黝黑粗糙，骨节变得粗大，皮肤被沙漠强烈的阳光烤成古铜色。因治沙他患上了严重的关节炎，这让他的步履看起来有点艰难；坐骨神经痛发作时，晚上睡觉只好跪在沙发上。他随身带着安定片，每隔一段时间就要吃一把药。下基层时，王有德随身带一副左框没有镜片的近视镜，由于经常遭受风吹沙打，他的左眼已经接近失明……到现在，王有德虽是一个处级干部，但他仍和林场的职工一样，差额工资靠在大田里劳动挣取。

说他铁，那是指他有铁一般的意志。

王有德眼看步入花甲之年，职工心疼这个领路人，都劝他回去休息休息，身体是革命的本钱。

王有德很形象地说："我休息人家风沙不休息，人家就是这么干的。"

当有人为王有德的付出感慨万千时，他却说："付出更多的是我们的工人。那些与我一起披星戴月抵抗风沙的兄弟姐妹们，我只是把他们拢了起来，虽然他们现在人均年收入过了4万元，有些职工一年收入二三十万元，可是与他们的付出相比，还是奉献大于所得。我们没有双休日、节假日，常年如此，有事打个招呼，没人有怨言，他们真正把林场当作自己的家了，上班就跟回家一样，真的应该感谢他们啊！他们都是劳模，都是英雄！”

精神源泉

一个成功的人，总有着自己的精神家园。在王有德的精神世界里，他的父亲、家人以及党和国家领导人为他注入了太多的精神营养，这成为他为事业而拼搏、为理想而奋斗的精神支柱和力量源泉，也使他的信仰愈发坚定、理想愈发明确。在金钱面前，他没有迷失；在挫折面前，他没有沉沦；在成绩面前，他没有骄傲。他的人生愈发精彩，他的品格愈发高尚。

源头活水

王有德上小学三年级的时候，有一回在回家的路上捡到一根钢筋撬杠，父亲硬说是他偷来的。为了证明自己的清白，王有德整日留心打听过路的司机，直到找到了那个司机，且司机说了是他用过后没放好，结果让车颠簸丢了时，父亲才放过了他。

大哥在生产队当会计那会儿，需要私章，大队给配了个木头章。后来兴起塑料章，大哥就私自刻了一个，父亲知道后狠狠地训了他一顿。

一个冬日的夜晚，一场大雪笼罩了马家滩。寒冷让人们把门窗关得严严实实，缩在被窝里。王有德的父亲却起来了，他穿上皮袄，装上干粮，拄着根木棍上路了。皑皑白雪踩在脚下咯吱咯吱地响，身为磁窑堡镇的党委书记，父亲要到50多里路以外的磁窑堡镇去看羊群草料够不够，有没有被冻坏的羊只。

有一年春节，一个多年不走动的远房舅舅给家里送来一只羊。王有德的父亲回来知道情况后，立刻发火了，训斥了母亲。可母亲也冤枉，她哪里能知道情况呢。父亲立刻命王有德套上驴车把羊送回去，说："他肯定有事相求，你去跟他说，只要符合规定，有事我们办事，如不符合规定，送一群羊也不行。"这时的父亲已经是灵武县委常委、组织部部长了。

那时候是计划经济时代，买糖是需要糖票的。父亲每分到糖票，买回二斤糖来，都会用盖碗盖子分开，让王有德给村子上七八个老人一盖子一盖子送去。

“问渠哪得清如许，为有源头活水来。”父亲对王有德的影响是广泛而深远的，这样的故事王有德从小就时常经历着、感悟着。

在北沙窝开发经果林期间，有一天，母亲的手指被轧坏了，王有德正忙着，走不开。正好职工王建国有辆摩托车，王有德就让王建国替他将母亲送到医院上药包扎。这事被父亲知道了，好一顿训：“你是场长，你这样做，以后如何领导别人，说别人还能理直气壮？”

在王有德心里，父亲就是一面旗帜、一座丰碑。父亲去世后，给他留下的是已经掉光了漆的两把老式椅子和一张桌子。

父亲敬业清廉的精神在王有德身上被传承、发扬。

1998年4月，白芨滩防沙林场与陕西某公司签订了一份30万株的优质枣树育苗合同，但该公司送来的苗木成活率低，达不到合同要求的验收标准。这家公司的负责人来到王有德的办公室，把一个厚厚的牛皮纸信封塞进他的抽屉说：“王老哥，你就关照我这一次，这3万元是小弟的一点心意……”不等对方说完，王有德把信封扔回对方怀里：“我要的是合格的树苗，你把苗子按合同要求搞好比给我什么都强！”此后，对方还不甘心，又送了两次，每次都被他断然拒绝。后来对方只好按合同赔付了林场10多万元的损失。

在王有德眼中，国家和职工的利益高于一切。王有德历来对自己要求严格，从不乱用手中的权力，始终做到清正廉明。

由于车辆承包给职工，在油料供应紧缺的时候，缺油影响职工收入。王有德跑前跑后，为职工找油费尽心力。有一次，王有德找来了两吨油，搞个体运输的外甥求告上门，想让舅舅给他一桶。王有德不答应，气得外甥声言不再认他这个亲舅舅。

林场对职工子弟上学实施扶助奖励政策，可王有德自己的儿子上大学，从未领取过一分钱。财务人员多次催他，王有德却说："扶持政策是给职工制定的，不是为领导制定的，领导只有把职工的事当成自己的事来办，职工才会把林场的事看成自己的事来干。我的情况比职工们好一点儿，算了吧。"

王有德在灵武的亲戚朋友很多，随着林场效益的逐渐好转，一些亲戚找上门来，想让王有德在林场给安排工作。王有德妻兄一家几个人在供销社工作，那几年，由于供销社效益不好，子女先后下岗。妻兄找到王有德，要求给一个孩子安排份工作。王有德说："你的娃娃是搞商业的，一不懂林业技术，二不能干体力活，连树苗都认不得，护不好树，我如何向职工交代？你别为难我了。"外甥媳妇没有工作，多次找王有德，希望能安排在林场后勤部门工作。王有德说："场里一线工作太苦，女孩子干不了，若安排在场部机关，口子一开，那场里几百号人我还怎么管？"有一次，一位亲戚想借场里的小车用一用，他说："这是场里的公车，哪能随便给私人用呢？"可当职工群众和退休老干部需要用车时，他都尽量满足。

他说：“权力是党和人民给的，我们必须忠诚于党，服务于人民，尽好自己的职责，用好自己的权力。”

1999年春，灵武市一家开发商着手建设一项重点工程，但启动资金缺口大，需要向银行贷款。开发商请出一位市领导来找王有德，提议用白芨滩防沙林场的机砖厂做抵押。王有德一听，心里很不舒服，说：“这个机砖厂是白芨滩人的心血啊！我只有经营好的责任，哪有将它置于风险之地的权力？”王有德坚决回绝了前来说情的市领导。事后，有人对王有德说：“你真是个死脑筋，别人巴不得给领导个人情，好进步，再说机砖厂又不是你家的，何必那么认真？”王有德动情地说：“我们的机砖厂同我本人一样，都是为白芨滩的封沙育林事业服务的，我们只有尽好自己的职责，用好自己的权力，才对得起白芨滩的职工群众。”

白芨滩防沙林场的治沙事业越来越兴盛，成为媒体关注的焦点，父亲叮嘱他：“做事一定要脚踏实地，一就是一，二就是二，别不着调胡说乱吹。”有一回，魏蒙在描写林场治沙成效的材料中看到了“草长莺飞”这个词，王有德把“草长莺飞”四个字划掉了。他说：“草在哪里？莺飞何处？现在我们只不过扎了些草方格，这些草方格说不定被一场风就埋得无影无踪，治沙永远不要说这种言过其实的话！”几年后，当树林中有了猪獾、红狐、猎隼、红腹锦鸡等珍稀动物，空中飞鸟成群的时候，王有德对写材料的那个人说：“现在

人进沙退的重要工程——白芨滩防沙林场建设的防护林

你可以用‘草长莺飞’这个词了。”

王有德出生于干部家庭，父亲曾先后担任灵武市委常委、组织部部长、人大常委会副主任、政协主席。哥哥也担任过灵武市委组织部部长、市委副书记等职务。身处这种家庭，在灵武市挑选一个环境好的工作单位是完全没有问题的，但父亲正直无私的工作态度、对子女的严格要求以及这种长期以来潜移默化的影响，使王有德毅然选择了留在白芨滩，留在这环境艰苦、工作艰难的林业工作岗位上。

王有德在白芨滩防沙林场的18年间，曾有几次调动机会，他都不动心。1986 年，经自治区林业厅党组研究，调王有德到宁夏林业学校任总务科长，他拒绝了，说："我立下了'三不走'誓言，却连屁股上的土都不拍就走人，以后还怎么见白芨滩人？"

1992 年，灵武实行乡（镇）机构调整，组织上打算让他到某个乡任党委书记，他谢绝了，说："现在场里刚有起色，正在爬坡，职工的日子比过去好是好多了，但还是苦，我不能走，我不放心走，我也舍不得走。"

1998 年，林业厅拟调王有德到厅直属一正处级单位任正职。此时，王有德进场之初立下的"三不走"誓言都已经完全实现了：400 多万元的贷款还清了，4 万亩柠条、花棒等沙生植物采种基地建成了，治沙面积早超过了 4 万亩，职工住房、看病、子女入学等问题得到了基本解决，全场近四分之三的职工搬进了新居。但王有德又谢绝了，他说："我是舍不得白芨滩这片洒满自己汗水的土地，舍不得与自己朝夕相处、同甘共苦过的兄弟们，他们为白芨滩付出了那么多，可他们现在生活水平还不算高，日子不好过，我怎么忍心离开？"

1999 年，王有德还有一次机会到一个各方面条件都比白芨滩好的单位任职，他再次谢绝了。

亲友同事都不止一次地劝他："哪个单位都比你现在轻松，升得快、待遇好，不用风吹日晒，你到底想的啥？"

王有德总是淡然地说："我看重的不是这些。我的心里只有一个目的，多为后人留些绿色，少给人生留下遗憾，把被毛乌素沙漠侵吞的土地夺回来。看到成片的林海就像见到了自己的儿子，我哪儿都不去，和毛乌素沙漠斗到底了。"

王有德把治沙事业置于至高无上的位置。

治沙一家人

为了群众的利益，王有德把所有的时间和精力都放在了场子里，都放在了职工身上。在王有德家人的印象中，自从他到白芨滩工作后，就从来没有按时按点回过家，也从没有准时在家吃过一顿饭。开发北沙窝分场以来，王有德经常半夜三更才回家，一进屋就把妻子推醒，说还饿着肚子呢。妻子赶紧起来做饭，等饭做好了，王有德却睡着了。眼看着饭一点点凉了，妻子不得不推醒他。迷迷糊糊地扒拉上一碗饭，王有德就又倒头睡着了。在白芨滩18年的日子里，王有德从没有过星期六、星期天，更没有什么假期，从没在家好好地过上一次节。有时候，正准备过节，场里的职工来了，说林场的职工与农民吵起来了，农民的羊把树给啃了。王有德听后立马跟着职工走了。

王有德是林场众所周知的孝子。即使再忙，在工作间隙，他总要抽点时间先看看父母，但都是来也匆匆，去也匆匆，很少能陪父母吃顿饭。父亲却说："忙你的去，只要在电视上、报纸上看到白芨滩防沙林场又绿了，我就比什么都开心。"

2002年春节，王有德的父亲身体不适，为和日本专家到林场洽谈援助项目，王有德改变了带父亲到银川看病的计划，结果耽误了给父亲治病的最佳时期。6月，王有德将父亲送到医院，一查，已是胃癌晚期。当天他从银川回到林场，在办公室里跟王兴东副局长说起父亲的病情时，一下子忍不住，像个孩子似的哭了起来。8月，王有德的父亲去世。父亲的病逝，让王有德一直心存愧疚，他说都是因为自己工作太忙，把父亲的病耽误了。

而对儿子，王有德也一直很内疚。两个孩子长这么大，他从没有像别的爸爸那样带孩子出去玩过。孩子们有啥事、有啥心里话都是跟母亲说，很少跟他说。王有德知道，他为儿子们付出的太少。在两个儿子的记忆里，从上学起，爸爸就没有参加过家长会，连老师长什么样都不知道。有一段时间，小儿子学习成绩不好，老师指出家长不积极配合，妻子埋怨王有德说："你一天忙工作，东奔西跑，家里啥事都不管，儿子学习成绩不好，我又看不懂。"王有德上去就打了儿子一巴掌，然后去了办公室。局长助理魏蒙见王有德不高兴，忙问缘由。王有德噙着眼泪说："你看，我今天怎么干了这么个事，平常没有时间过问孩子的学习也就罢了，今天还打了他。我这个当爸爸的真是惭愧啊！"直到现在他也总说，亏欠儿子亏欠妻子太多。

《人民日报》记者采访王有德的大儿子王立钧时，王立钧如此讲述：

说起我爸，我真的很佩服他。他种树已经到了痴迷的程度，无论做什么，他都忘不掉那些树。他说：“一棵树就是一个手握钢枪的战士，成片的树林就像一个团、一个师甚至一个军，可以有效防御沙漠攻击，保护咱们的家园。”

我上一年级那年，我爸就到林场当副场长了，也是从那时开始，我见到我爸的次数越来越少。我问我妈：“我爸去哪儿了？”我妈说：“种树去了。”我就寻思：种什么树呀？晚上都不回家。

我爸经常十天半个月回一次家，回到家，浑身上下都是土，像个泥猴似的，饭都懒得吃，也不问我学习咋样，倒头就睡。我早起上学的时候，又不见他影子了。

上二年级那年，林场搞秋季植树大会战，我有一个多月都没有看到他。正好有个林场的叔叔到山上去，问我想不想去，我说当然想。当我找到我爸时，他那模样活像个叫花子，身上的衣服烂了几个洞，裤子的颜色说灰不灰，说黄不黄，头发长得老长。

我站他身边，他都没看我一眼。他正和大家一起忙着从卡车上卸树苗，卸完后，手持一把铁锹，在刚整过的地里一点一点地挖出浅浅的坑。我知道，在他挖过的地方都要栽上一棵树。

虽然他一直没理我，但我还是好奇而又兴奋地跟在他身后看他挖坑。忽然，他回过头来对我说："跟着我干什么？还不快给新栽的树苗浇水去。"此后再没理我。你说我冤不冤，本想着到山上找他去玩的，结果他让我义务劳动了一整天。

从那以后，每年放了假，我爸都要吆喝我到林场去劳动。我妈说我爸："把你一个人贡献给林场还不够，你还要把娃拽上。"我爸笑着说："谁让他是植树人的后代呢！"

我爸也有苦恼的时候，他的苦恼还是与植树有关。有一年，林场栽下的20厘米高的樟子松树苗遇到了金龟子吃芽尖的难题。若芽尖被吃掉，樟子松长起来就困难了。大家想了很多办法都解决不了问题。这么着，我爸就琢磨上了。那时，我和我妈都不知道他琢磨这档子事。吃饭的时候，他正夹着菜，忽然就冒出一句金龟子，我以为我妈做的菜里有金龟子，就问在哪里。我爸不好意思地笑着说："没事没事，金龟子吃樟子松的芽尖，我没想出解决的好办法。"

王有德和林场职工一起在沙区劳动

我妈埋怨说："你迟早让栽树把你弄得魔怔了。"那天晚上我不知道我爸睡了没，反正他一直在那里折腾，在几张纸上，比画来比画去，比画了大半夜。

后来，他发明了给樟子松"穿裙子"的办法，把金龟子吃芽尖的问题解决了。樟子松树苗栽到地里后，他们用一块塑料布，做成喇叭状，喇叭口朝上，固定在每一棵树的树干上。这样，金龟子就没法爬上去吃芽尖了。要给樟子松"穿裙子"，工作量多大呀！每棵树都得过遍手，但他们就这样干过来了，才有了今天成片的树林。

后来，我爸还有很多小发明，解决了造林防沙中的难题。如果非要让我给我爸下个评语的话，那就是：执着！

1986年7月，在北沙窝地区500亩流动沙丘带开发果园时，虽离家仅3公里远，但王有德始终与职工们住在4顶帐篷里，最长的一次竟50多天没有回家。一天，妻子哭着跑到林场，找到与职工一道光着膀子挥汗如雨的王有德，告诉他大儿子的脚被邻居的手扶拖拉机压骨折了，要他赶快回家带孩子去看病，并找邻居说道说道。他却不等妻子将话说完就大声训斥："我又不是大夫，找我干啥？都是隔墙对门的邻居，算啥账？"妻子就骂他拿人头换人情。

后来，灵州大道扩宽马路将树全挖了，摆放在路边。妻子经过时看到了，心疼地对王有德说都放了几天了，栽树的时候连夜地栽，现在放倒在那里没人管了。王有德听后，立刻给时任市长白尚成打电话。一个下午，那些树全部被拉走重新栽上了。

每逢双休日，妻子和两个儿子都要到王有德的承包林地里去干活，十几年如一日，不用督促，更不会偷奸耍滑，他们已经习惯了。

母亲年事已高，有一回生病要去医院，妻子托人捎信要王有德回家一趟，他却请管灶的职工进城购菜时替他回家看看母亲病情咋样。事后，王有德回家，面对母亲很是歉疚，母亲却笑着说："知道你忙着哩，把树种好就行。"

投标古王高速公路绿化工程时，林场缺少 55 万元履约保证金。当时到银行申请贷款已来不及，王有德就借来父母、哥哥、亲家、妹妹等 5 家人的房产证准备抵押贷款。3 名职工知道情况后也分别向亲戚借来了房产证，其中 1 名还是退休职工。贷款顺利申请下来了，保证了投标的顺利进行。

信仰的力量

治沙犹如逆水行舟，唯持之以恒，不忘初心，方得始终。风沙过后，树苗被压埋了，从沙里扒出来再种，如此反复，正所谓不忘本真，久久为功。树木一棵棵活了，沙漠一片片绿了。30 多年来，白天顶着 50 多度的高温挖坑种树，晚上住在沙窝上搭建的帐篷里；冬天为了抢抓树苗灌冬水的时机，全场职工日夜吃住在水渠边。每天干十几个小时，从没有休息日。“不积跬步，无以至千里；不积小流，无以成江海。”毛乌素沙漠的绿色逐步向腹地渗透。

然而，王有德深深明白，一个人的力量是有限的，集体的力量是无穷的，而集体的力量来自党组织这一核心。

1981 年 7 月，27 岁的王有德加入中国共产党时，“全心全意为人民服务”的誓言就刻进了骨子里，融入到血液中。1985 年，王有德初到白芨滩防沙林场工作，看到肆虐的风沙侵吞村庄，群众被迫背井离乡，他立下誓言：“生命不息，治沙不止，绿化造林，造福于民。”他的力量来自于哪里？来自党组织。

作为一名基层党组织负责人，王有德狠抓党员队伍建设不放松，培育党员，发展党员，林场党员队伍不断壮大，从最初 1 个党支部、10 多名党员，发展成为一个拥有 6 个党支部、70 名党员的基层党委。

王有德以身作则，以行带人，严于律己，发挥党员领导干部的模范带头作用。“入党为什么？在党干什么？为党留什么？”“理想信念是不是坚定，对党是不是忠诚老实，大是大非面前是不是旗帜鲜明……”他经常这样问自己，也问班子成员。“在工作中要走在前、做表率，让党徽闪光，为党旗添彩！”“作为一名党员，从入党宣誓之时起，政治生命就开始了，牢记政治使命，才能让初心更加牢固。”他这样回答自己，也这样讲解。他带出了一个特别能战斗的干净、干事的党委班子，能充分发挥党组织的战斗堡垒作用和广大党员的先锋模范作用。

“全心全意为人民服务”，要讲牺牲和奉献，同时也不

能让职工群众流血流汗又流泪。他将自己、兄弟姐妹及好友等的房子抵押贷款，解决林场职工住房、子女上学、老人看病的后顾之忧。自 1990 年以来，林场先后建起了 245 套房屋（15508 平方米），既解决了 318 名职工住房困难的问题，使职工喝上了自来水，又告别了几十年住土坯房和租借房的历史。在他的倡导和支持下，场里还制定了各种补贴政策，支持职工发展种养殖业，职工子女考上高中、中专、大学的，

灵武白芨滩国家级自然保护区沙漠公园鸟瞰图

每人都有奖学金，为职工全部缴纳了养老保险、医疗保险。王有德在党员中号召开展“五帮扶济困”活动，全场干部职工扶危济困蔚然成风。

他推行改革，支持职工发展种植业、养殖业，多种渠道增收致富；实施家庭、联组或个人划片承包治沙造林机制，鼓励每人每年扎设1万个草方格、栽植1万株树苗、挖1万个树坑、治沙面积100亩、从治沙中实现收入1万元。白芨滩防沙林场不仅创造了世界治沙史上的奇迹，职工个人收入也神奇地实现了“三级跳”。如今，林场职工家家户户有小汽车、几套房，果园、苗圃成为职工的“摇钱树”“绿色银行”，“绿水青山就是金山银山”的理念在这里得到了印证。

“支部建在第一线，堡垒驻在最前沿。”2002年4月，白芨滩防沙林场被评为全国治沙先进集体。同年9月，白芨滩国家级自然保护区又被授予“全国自然保护区建设先进集体”称号。

“生命不息、治沙不止，我要在治沙播绿中实现自己的人生价值。”王有德说，“多栽一棵树，就是我的价值；多治理一片荒山，就是我的价值；让当地老百姓找到致富之路，就是我的价值！这就是为人民服务的价值！”

英雄无悔

对人生意义的理解，对理想价值的思索，从而确立了人的精神支柱，进而丰富了生命，使生命变得多姿多彩。只有这样，才能在有限的生命中去追求永恒价值，建构起人生存在的意义。

一个人的生命长度是不能增加的，但可以打造生命的厚度和宽度。要增加生命的厚度就要付出艰辛，让每一天过得有意义，就必须勇于挑战，不畏挫折，轰轰烈烈干一场来打造精彩的人生。由此，我们的人生将不会是过眼云烟，我们抒写的将会是无愧于生命的价值！

生命的厚度

有人这样说过，王有德的生命里全是干货，不但挤不出水分，而且全是压缩饼干式的，他的每一天每一时每一分，都有可说可讲的。

“九层之台，始于累土；千里之行，始于足下。”在毛乌素沙漠深处，王有德留下了一个个踏踏实实的绿色脚印，创造了一个个防沙治沙的奇迹，从而也增加了他的生命的厚度和宽度。他的生命已经与毛乌素沙漠凝结在一起。

30 多年来，王有德没有双休日，更没有节假日，你要问哪天是几号，他都能回答上来；可你要问哪天是星期几，他就不一定说得出来了。在他的脑海中没有双休日的概念。多少年来，除了春节，王有德和他的同事们没放假休息过。平时，谁家里有事，请个假处理一下就是了。王有德对身边的人说：“全场职工都在大田里干活，忙得四脚朝天，我们哪能放假休息呢？职工们看见我们休息，会怎么想？”王有德顾不上正常休息，还常常忙到深夜。他白天参加劳动，把研究工作的时间放到晚上。开会、工作到晚上 11 点以后更是常有的事。这样加班加点，王有德和他的同事们却从没有领过一分钱加班费。大家都知道王有德没有其他爱好，他的爱好就是两个字——干活！

按照场里的规定，包括王有德在内的场部所有机关干部的部分工资，都要他们通过劳动去挣，每个人都要承担一定的生产任务。如果完不成定额，工资就不能足额发放。这项规定是王有德任场长后提出的三大改革方略之一。多年来，他一直带头完成生产定额，从没有搞过特殊。后来，事务性工作更多了，但他并没有因此而要求减少自己的生产定额，仍然按要求保质保量地完成每一项生产任务。除了其他生产任务外，王有德还要挖 100 个树坑。在完成各项工作之余，他硬是挤出时间，一个不少地完成了挖坑任务，从不让任何人帮忙。场委会上，大家提出局长因为要管理整个林场，事务繁忙，应该取消他的所有生产任务，但王有德坚决否定了这个提议。

平时，王有德早上 6 点进沙漠治沙，晚上 12 点回家，平均每天工作 14 个小时。治沙繁忙的时候，他一干一夜，步行八九公里，往来于各个绿化点之间，口袋里一直揣着剪子，可以随时修剪树枝；包里装着锯子、卡尺、手电筒，方便晚上装卸苗木；车上总是放着衣服、铁锹和干粮，饿了就将就着吃一口，困了就在树下、车上凑合着打个盹……王有德出名了，白芨滩防沙林场也出名了，慕名前来参观学习的人络绎不绝。几乎每个星期都有几拨人要来，有些人事先不打招呼就直接来了。这往往都需要王有德出面接待。王有德的社会活动多了，除了担任本单位的领导职务外，他还是四级人大代表，有其他社会兼职，考察、调研、开会、讲话、组织、协调，很多事情都少不了他。尽管如此，他依然不愿坐在办公室里，不愿脱离生产一线，他仍与全场职工打成一片。王有德乘坐的丰田越野车上有两个包，一个是公文包，一个是工具包，办公室里还放着劳动服，以便他能随时换衣干活。他需常常变换身份，以不同的形象出现在人们面前，不得不换穿衣服。因为他总是在外面跑，行踪不定，常常来不及回家，加之临时变动太多，他便把需要换穿的衣服备在自己常坐的汽车里。平时，他穿着干活的衣服下地干活，一接到开会或活动通知，衣服一换就走人。

有人为他算过账，说他的一年相当于别人的两年。

去陕西杨凌、周至、榆林等地调树苗，王有德总是吃罢晚饭连夜出发，天亮到达目的地，然后到苗圃察看，亲自验收装车，再连夜返回。他说这样既节省时间，又节约住店钱。常跟他出门的司机只要一听局长出门，都会带上干粮、咸菜，走到哪里就要一碗茶，吃得很简单。到银川开会办事，不管多晚都回灵武。他是这样算账的，开车回来顶多烧几块钱的汽油，住店再便宜，一晚上也得几十块钱。所以，场里人到银川出差都没有住宿的习惯。

1999 年，为申报国家级自然保护区项目和争取日本治沙投资项目，王有德先后三次到北京。一次，他们实在找不到便宜宾馆，便在一家设在地下室的小旅馆里住下来。房间内空气浑浊、光线昏暗，让人难以忍受。王有德趴在地上修改文件，一夜没有合眼。早上 5 点，他们步行到国家经贸委办公大楼门前，主管领导进去送材料，他就坐在门口一侧的台阶上等着，与同行的财务科副科长吴迎梅说话，聊着聊着，就在台阶上睡着了。见此情景，吴迎梅的眼泪夺眶而出。

2001年11月，日本政府对华援助最大生态建设项目——中国黄河中游流域宁夏防护林项目正在建设之中。此时已进入冬季，土地逐渐封冻，按计划当年的工程已经结束。不料，日方突然决定要对施工项目进行检查，并且指定要看一条计划修建的沙漠砾石路。坐在自治区林业厅的会议室里，王有德向日方代表欣然表示，一切工作都按要求完成，随时欢迎检查验收。而此时，日方指定要看的那条砾石路，还仅仅是双方图纸上的一条黑线。了解情况的林业厅领导暗暗着急："王劳模不是在开国际玩笑吧？"

王劳模没有开国际玩笑。当他走出林业厅会议室的时候，已经是下午5点钟。他谢绝了大家的挽留，一边风驰电掣往回赶，一边打电话指挥场里的领导组织人马上工地，等他从银川赶回来，推土机、装载机、压路机和100多名干部职工早已汇聚在沙漠里。王有德一声令下，各种机械流水作业，百名职工挥锹上阵，整整一夜，他们硬是开着车灯，拼下了3公里砾石路。第二天，中日双方的领导和专家按时来到了工地，中方人员诧异地睁大了眼睛，满脸狐疑。做事一向严谨的日方专家，对照图纸对展现在他们眼前的这条路进行多项检查，一切都符合要求，严肃的脸上也露出了满意的笑容。

白芨滩防沙林场这些年开展了多个国外援助项目，王有德说：“外国人不是老拿生态问题对我国说三道四吗？我们和外国人打交道，代表的是国家形象，在外国人面前说不行，那是丢中国人的脸。我们能干这种事吗？”他说话算数的实干精神，赢得了日本人的信任，先后有四个项目交给白芨滩防沙林场实施，为他们开展治沙赢得了资金支持，同时也加深了国际社会对中国的了解。

王有德的人生经历如果写自传，那是再简单不过了：治沙，治沙，再治沙……20 年、30 年……直到退休，都不会换岗位，但是毛乌素沙漠会记得他的每个细节。作为英雄，他没有惊天动地的大事，却有着波澜壮阔的壮举。

英雄的十八大

作为党的十七大和十八大基层代表，王有德将参加十八大开幕式视为一项极高的政治荣誉。参加十八大归来，王有德还为林场的每位职工带了一份礼物——党的十八大纪念首日封。他对职工们这样表述着自己参加十八大的感受：“开幕式，中央领导步入会场，全场响起长时间的掌声。我的感受就是，我们党的伟大、国家的强大。报告的每一个关键时刻，掌声就会响起来。我感觉，这掌声体现了大家对在中国共产党领导下的祖国这些年发展巨变的信任，坚定了全国人民走中国特色社会主义道路的决心。”

十八大报告对生态文明这样描述：“建设生态文明，是关系人民福祉、关乎民族未来的长远大计。面对资源约束趋紧、环境污染严重、生态系统退化的严峻形势，必须树立尊重自然、顺应自然、保护自然的生态文明理念，把生态文明建设放在突出地位，融入经济建设、政治建设、文化建设、社会建设各方面和全过程。”

王有德倍感振奋：“十八大把生态文明放在突出的地位，提出建设美丽中国，对我们林业工作提出了更高的目标要求。十八大提出，更加珍惜自然，一字一句都饱含深意。今后要更加积极地保护生态，要努力走向生态文明的新时代。坚定不移地推动生态文明建设，坚定不移地防沙治沙，以实际行动来贯彻落实党的十八大精神，用更好的成绩回报社会、回报人民、回报党组织的支持培养。”

与此同时，王有德感受到肩膀上的担子越来越重了。他很清楚，白芨滩防沙林场的治沙现在到了最艰难的时候。首先，治沙工作进入了啃硬骨头阶段，容易的地方都拿下来了，剩下的30万亩都是高大的、高密集的、水分条件差的沙丘；其次，原来明显的环境矛盾，主要任务是治沙，现在面临的新任务则是如何以沙养沙、以沙养人，只有这样才能长期管用，才能真正完成保护祖国母亲河、保护子孙后代家园的千年基业。

林场职工扎设草方格固沙

参加十八大一回来，王有德就一头扎进了毛乌素沙漠，带领工人们平整土地，备苗、备草，扎草方格……一场生态文明建设的攻坚战又如约打响。王有德在宣讲十八大精神时，用了这样的结语：“生命不息，治沙不止。”这是他的承诺，也是他的誓言！

在林场的“十二五”规划中，王有德将带领白芨滩人彻底消灭自然区内30万亩残余的顽固性沙丘，在巩固“荒沙变绿洲”

成果基础上强力实施“绿洲变家园”工程，走可持续发展之路，大力发展林果业、养殖业、旅游业，让沙漠养人。

规划是写在纸上的，要落在地上，那必将又是一番苦战。

苦，王有德不怕。

“再过10年，剩下的30万亩沙荒地将全部被治理，那里会成为森林覆盖、瓜果飘香、动物生息繁衍的美丽家园。”王有德动情地说。

在王有德的带领下，白芨滩防沙林场从一个防风固沙的小站，发展到县级林场、省级林场，再到国家级自然保护区。我们有理由相信，“美丽家园”的梦想不是高谈阔论、哗众取宠，在不久的将来，必将成为现实。

世界记住了英雄的名字

如今的白芨滩防沙林场治沙造林已达63万亩，相当于过去40年的总和。林场面积扩大了6倍，达148万亩，造林平均成活率达85%以上，森林覆盖率达40.6%。在毛乌素沙漠西南端筑起了一道东西宽48公里、南北长67公里的绿色屏障，有效阻止了毛乌素沙漠的南侵西扩。

特别是在大泉干燥型流动沙区，实现了沙漠后退20公里的伟大壮举，保护区内形成中国面积最大、防沙治沙效果最好、长势最喜人的27万亩天然柠条林和30万亩猫头

秋意渐浓的宁夏灵武白芨滩国家级自然保护区

刺植物群落，以及国家一级保护植物发菜、二级保护植物沙芦苇和珍稀濒危植物沙冬青等306种旱生沙生植物。荒漠成林以后，招回了大量动物。初步统计，包括国家一级保护动物黑鹳、二级保护动物斑嘴鹈鹕及大鸨、鸢、大天鹅、鸳鸯，还有已列入濒危野生动物国际贸易公约保护的绿翅鸭、白琵鹭、猎隼等115种飞禽，占宁夏野生动物种数的43.3%。在成功地保卫黄河、保卫万顷良田后，全场职工实现了战略转移，筑起对白芨滩国家级自然保护区内沙漠的包围圈。随着包围圈的缩小，如今圈内沙漠只剩30万亩。王有德给自己定了计划，按每年治理3万亩的速度，10年后这里的沙漠将变成绿洲。

白芨滩国家级自然保护区成为中国生态文明建设的一扇窗，一座享誉全球的绿色丰碑，一个世界治沙史上的典范。近年来，美国、英国等近100个国家和地区的政要、专家、学者前来访问和考察，外国友人无不惊讶感叹。

美联社、路透社、意大利广播公司、欧洲新闻图片社、丹麦《日德兰邮报》，以及西班牙、日本、挪威、德国、奥地利等30多个国家或地区的新闻媒体，实地采访、拍摄白芨滩防沙林场职工在这里开展的沙漠治理工作，向世界介绍全国“治沙英雄”王有德带领白芨滩人治理沙漠，实现人进沙退的壮举。

《人民日报》、中央人民广播电台、中央电视台等国内各大新闻媒体也在主要版面和黄金时间，刊播了30余万字的宣传文字和100多张新闻照片以及电视新闻专题片，扩大了保护区的社会影响力和知名度。先后有3万多人次到保护区参观生态建设成果，接受教育，全社会逐步形成了爱护资源、保护自然的良好氛围。

2018年12月18日，作为“科学治沙的探路人”，王有德被授予“改革先锋”称号

生命，因积极向上而崇高；信念，因砥砺前行而精彩。世界记住了一位治沙英雄的名字——王有德。

治沙无退休

2014年，王有德步入花甲之年，他退休了。然而，他怎么可能离开40年奋斗拼搏的治沙事业。“我尝一尝土壤和水，就知道土壤的含盐量，pH值怎样，什么地方栽什么树，什么树能活，气候、土壤、刮风、下雨……我都清楚。这不是一天两天、一年两年积累下来的，而是四十年如一日在毛乌素沙漠摸爬滚打积累的经验。”王有德说，“我不能让它荒废了埋没了，我要传承下去，要继续发挥我的作用……治沙无退休，作为一个治沙人，没有退休的意识，退休只是个概念。党的十九大报告提出‘必须树立和践行绿水青山就是金山银山的理念’，白芨滩仍有60多万亩荒漠尚未治理，这是一份沉甸甸的责任……”

退休的第二天，他就钻进了毛乌素沙漠。责任、执着、追求和热爱促使王有德马不停蹄，发起创建了宁夏沙漠绿化与沙产业发展基金会，与白芨滩防沙林场签署了《沙漠绿化生态治理协议书》。2016年底，国务院出台的《“十三五”生态环境保护规划》中明确指出：“拓宽资金筹措渠道，推进政府和社会资本合作，吸引社会资本参与准公益性和公益性环保项目。”成立基金会彰显出王有德的决策具有前瞻性。基金会自成立以来，得到了自治区各级政府和有关部门的关心支持、国内知名企业的公益捐助，以及联合国防止荒漠化公约组织官员的高度赞赏。国家林业局、中国绿化基金会、TATA 木门等部门、机构和企业向基金会伸出了援手，基金会通过社会募集资金，与一些公司、协会合作建设防护林项目，发挥自身造血功能。

宁夏灵武白芨滩国家级自然保护区马鞍山管理站靠近银川河东机场，几年前还是一片荒滩，沟壑纵横，深坑遍布，水土流失十分严重。他带领大家开路引水，削高填低，清石换土，以高于通常治沙造林成本两三倍的代价，实现生态治理面积 4000 多亩，发动社会力量参与治沙事业，植树造林 100 多万株，在风沙线上构筑了一条牢不可摧的生态屏障。

大有大德英雄气

说起英雄，我们就会在心中产生一种崇敬之情、敬畏之情、爱戴之情。英雄是一种美的存在，它使国家更加昌盛，民族更加富强，百姓更加幸福。在词典中，英雄有三种基本解释：一是指才能勇武过人的人；二是指具有英雄品质的人；三是无私忘我，不辞艰险，为人民利益而英勇奋斗，令人敬佩的人。第三种解释，是新时代的解释。“治沙英雄”王有德无疑属于第三种，他是新时代的英雄，当之无愧的英雄！

在白芨滩防沙林场采访的日子，是感受英雄的过程，也是感悟英雄的过程。从沙漠之绿，到工人之富，再到企业之强，在职工眼里，王有德是凡人，因为他食人间烟火，关注民生，有凡人情怀；在职工眼里，王有德是英雄，因为他激情治沙，不畏风沙，有英雄气概。一位老职工感慨地说："有德有德，大有大德。"

王有德曾经有一个梦，他想长成一棵树。经过多少个昼夜更替，多少个春去秋来，多少场风沙磨砺，如今，他不但长成了一棵树，而且长成了一片森林，顶着风沙前行，向着沙漠深处覆盖过去，再大的风沙也休想将他拔起、湮没。他的年轮是风镂沙磨出来的。

走进毛乌素沙地边缘，草方格随沙丘而起伏，就像撒下

的一张张铺天盖地的网，以囊括八荒的气势罩住了随时要掀起滔天巨浪的沙魔。

审视毛乌素沙地，欣赏白芨滩防沙林场几十万亩的防风固沙林带，感受清风绿树，倾听雁鸣隼啸，我想到了古人表达自己心志的那副对联："有志者，事竟成，破釜沉舟，百二秦关终属楚；苦心人，天不负，卧薪尝胆，三千越甲可吞吴。"

谁言寸草心，报得三春晖。大有大德英雄气，王有德以治沙为民的英雄气概，在毛乌素沙地，为世界竖起了一座绿色的丰碑。

王有德相关视频

1.［CCTV13］国家主席习近平签署主席令，在庆祝中华人民共和国成立 70 周年之际授予 42 人国家勋章和国家荣誉称号 https：//mp.weixin.qq.com/s/n4XcJQ-nO9TVCVe3mW2qrw

2.［宁夏新闻联播］王有德：我愿为治沙事业奉献我的一生 https：//mp.weixin.qq.com/s/1nRruYgt_SRVpHHOz7h79g

3. [宁夏新闻联播]“人民楷模”王有德：播绿四十载，冲破漫天沙 https：//mp.weixin.qq.com/s/9-B-8K3DORWht8y2xld2pA

4. [宁夏新闻联播]国家勋章和国家荣誉称号颁授仪式在北京人民大会堂举行，王有德被授予“人民楷模”国家荣誉称号 https：//mp.weixin.qq.com/s/DAbyep3jIrH_cfPorpAL5g

5. [宁夏新闻联播]改革先锋王有德　科学治沙探路人 https：//mp.weixin.qq.com/s/2QGUR93euGjC8RtWZExKBg

6.［财经人物周刊］王有德与特殊的植树人 https：//mp.weixin.qq.com/s/q1MkfXPBJ5wcvyju_7x2KQ

7.［财经人物周刊］王有德与沙漠有着特殊的情感 https：//mp.weixin.qq.com/s/DF6NeYpFH8GkyXXhEiGn0Q

8.［财经人物周刊］沙柳：沙漠中的“绿色银行” https：//mp.weixin.qq.com/s/suDstVKcffFro0re8zc50A

9.［宁夏日报客户端］北京领奖归来，“人民楷模”王有德在忙啥？ http：//app.nxnews.net/ningxia/cfwz/tt/byg/201910/t20191025_6460322.html?from=singlemessage&isappinstalled=0